国家中等职业教育改革发展示范学校建设项目成果
国家中等职业教育改革发展示范学校建设系列教材

汽车电控发动机
故障诊断与排除

QICHE DIANKONG FADONGJI
GUZHANG ZHENDUAN YU PAICHU

雷小勇　陈　瑜　刘新江◎主编

西南交通大学出版社
·成都·

图书在版编目（CIP）数据

汽车电控发动机故障诊断与排除 / 雷小勇，陈瑜，刘新江主编. —成都：西南交通大学出版社，2014.3
国家中等职业教育改革发展示范学校建设系列教材
ISBN 978-7-5643-2937-2

Ⅰ. ①汽…　Ⅱ. ①雷… ②陈… ③刘…　Ⅲ. ①汽车－电子控制－发动机－故障诊断－中等专业学校－教材
Ⅳ. ①U472.43

中国版本图书馆 CIP 数据核字（2014）第 035798 号

国家中等职业教育改革发展示范学校建设系列教材

汽车电控发动机故障诊断与排除

主编　雷小勇　陈　瑜　刘新江

责 任 编 辑	王　旻
封 面 设 计	墨创文化
出 版 发 行	西南交通大学出版社 （四川省成都市金牛区交大路 146 号）
发 行 部 电 话	028-87600564　028-87600533
邮 政 编 码	610031
网　　　　址	http://press.swjtu.edu.cn
印　　　　刷	成都中铁二局永经堂印务有限责任公司
成 品 尺 寸	185 mm×260 mm
印　　　　张	8.75
字　　　　数	217 千字
版　　　　次	2014 年 3 月第 1 版
印　　　　次	2014 年 3 月第 1 次
书　　　　号	ISBN 978-7-5643-2937-2
定　　　　价	21.00 元

总　序

　　中等职业教育是我国教育体系的重要组织部分，是全面提高国民素质、增强民族产业发展实力、提升国家核心竞争力、构建和谐社会以及建设人力资源强国的基础性工程。为大力推进中等职业教育改革创新，全面提高办学质量，2010—2013年，国家组织实施中等职业教育改革发展示范学校建设计划，中央财政重点支持1 000所中等职业学校改革创新，我校是第二批示范校建设单位之一。在近两年的示范建设过程中，我们与西南交通大学出版社合作开发了28本示范建设教材，且有17本即将公开出版，这是我校示范校建设取得的重要成果，也是弘扬学校特色和品牌的很好载体。

　　呈现在大家面前的这套系列教材，反映了我校近年教学科研工作的阶段性成果。从课程来源看，不仅有学校4个重点建设专业（道路与桥梁工程施工专业、汽车运用与维修专业、物流服务与管理专业、工程机械运用与维修专业）的课程，也有公共基础课程；从教材形态看，又可以分为两类：一是以知识性内容为主、兼顾实践性活动、培养学生综合素质的理实一体化教材；二是以学生实践为主的实训操作手册。教材的编写过程倾注了编者大量的心血，融入了作者独到的见解和心得，更是各专业科室集体智慧的结晶。

　　这套教材的开发，在学生学习状态分析的基础上，根据技能型人才培养的实际需要，积极实现职业岗位与专业教学的有机结合。这17本教材比较准确地把握了专业课程的特征，具备了一定的理论水平，突出了实践性、活动性，符合新课程理念，对我校课程建设将会产生深远的影响，对学生全面健康成长也会产生积极的作用，对创新中职学校人才培养模式与课程体系改革将起到引领和示范作用。

　　在内容上，这套教材有如下特点：一是对于基础知识教学以"必需、够用"为度，以讲清概念、强化应用为教学重点。二是根据职业岗位需求，基于工作过程为线索来组织写作思路。三是方法具体，基本技能可操作性强。四是表达简洁，图文并茂，形式生动活泼，学生易于理解、掌握和实践。

　　由于时间紧迫，编者理论和实践能力水平有限，书中难免存在一些不足和缺点，需要进一步修改、完善和充实。我们希望老师和同学们提出宝贵意见，希望读者和专家给予帮助指导，使之日臻完善！

四川交通运输职业学校

国家中等职业教育改革发展示范学校建设

系列教材编写委员会

2014年2月

前　言

为深入贯彻《国家中长期教育改革和发展规划纲要（2010—2020 年）》关于加快教育改革进程的精神，根据教育部关于全面推进素质教育、深化中等职业教育教学改革的意见中提出的"中等职业教育要全面贯彻党的教育方针，转变教育思想，树立以全面素质为基础、以能力为本位的新观念，培养与社会主义现代化建设要求相适应，德智体美劳全面发展，具有综合职业能力，在生产、服务、技术和管理第一线工作的高素质劳动者和中初级专门人才"要求，加快落实我校"国家中等职业教育改革发展示范校建设项目"，我们通过大量专业调查研究，请汽车运用与维修行业专家共同分析论证，对汽车运用与维修专业所涵盖的岗位进行了职业能力和工作任务分析，形成了汽车运用与维修专业较为标准的课程体系，于 2013 年 7 月，编辑了《汽车运用与维修专业主干专业教学标准与课程标准》。为更好地执行这两个标准，为我校提供适应新的教学要求的教材，我校教学指导委员会于 2013 年 9 月组织了汽车运用与维修专业系列教材的编写。

本系列教材涵盖了汽车维修、汽车钣金与涂装、汽车装饰与美容、汽车商务等 4 个专业的专业基础课和专业核心课程，主要有"汽车车身电气设备构造与维修"、"汽车动力电气设备构造与维修"、"汽车发动机机械维修"、"汽车发动机结构与拆装"、"汽车电控发动机故障诊断与检测"、"汽车传动系统构造与维修"、"汽车转向、制动系统构造与维修"、"汽车自动变速器构造与维修"、"汽车底盘结构与拆装"等课程的教材；这些教材可供交通运输类中等职业学校汽车运用与维修专业教学使用，也可作为专业维修企业的基础培训教材。

本系列教材体现了以工作（学习）任务为主线，以技能培养为核心，以"必需、够用"为原则，紧密联系生产、教学实际，加强技能培养，实现专业技能逐步提高的教学理念，具有以下特点：

（1）教材采用学习任务的形式编写，以汽车专业维修企业的典型工作任务为依据进行课程设计，通过任务（情境）描述、学习目标、学习内容、任务准备、任务实施、操作过程、评价反馈等模块，形成了专业知识和技能的内容。

（2）教材体现了中等职业教育的特点，注重知识的适用性、实践性和全面性，在知识和技能方面也形成了渐进性和系统性。

（3）教材反映了汽车工业的新知识、新技术、新工艺和新标准，同时顾及新设备、新材料和新方法的应用，特别注意与现场实际设备相结合，利于学生掌握知识和技能。

（4）教材文字简洁，通俗易懂，图文并茂，有利于提高学生的学习兴趣和取得较好的学习效果；对重要操作内容采用"连环画"图片展示，方便指导学生独立操作。

"汽车电控发动机故障诊断与检测"是我校汽车运用与维修专业的核心课程，全书由 8

个学习任务组成，分别介绍了电控发动机的整体结构特点、进气（冷却液）温度传感器检修、空气流量计的检修、节气门位置传感器的检修、燃油供给系统检修、点火系统检修、怠速控制系统检修、电控发动机综合故障诊断等内容。

本书由四川交通运输职业学校雷小勇、陈瑜、刘新江担任主编。电控发动机整体认识、空气流量计检修、怠速控制系统检修、电控发动机综合故障诊断由雷小勇编写；点火系统检修由袁永东编写；节气门位置传感器检修由陈瑜编写；燃油供给系统检修由刘新江编写；进气（冷却液）温度传感器检修由陈传剑编写。本书在编写过程中，得到了许多老师的支持，在此表示衷心感谢。

由于编者水平所限，加之编写时间仓促，书中难免有不当之处，恳请读者提出批评意见，以便再版时进行修订改正。

编 著

2014 年 1 月

目　录

学习任务一　汽车电控发动机概述

 任务描述：

　　李先生 2003 年的帕萨特轿车在行驶到 18 000 km 左右时，发现仪表上的发动机故障灯开始亮起，有时还一闪一闪的。将车开到上海大众 4S 店，服务顾问经过初步诊断后，开出了检修电控发动机的工单，安排机电组专业人员排除故障。

 学习目标：

　　通过本学习任务的学习，应当能：
　　（1）描述电控发动机的简单发展过程。
　　（2）说明汽车电控发动机的优点。
　　（3）介绍汽车电控发动机的基本组成。
　　（4）对电控发动机进行简单分类。
　　（5）认识发动机的主要机构和系统。

 建议学时：6 课时

学习内容：

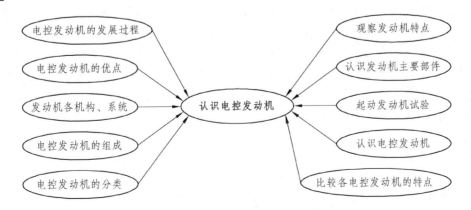

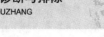
一、任务准备

引导问题 1：什么是汽车电控发动机？

电控汽油喷射发动机是装有电控装置、传感器、执行元件的智能控制发动机。它可以精确控制空燃比，使燃烧充分，显著减少排气污染。同时，由于发动机工作稳定性得到加强，从而降低了噪音。其传感器采集瞬息变化的空气进气量、发动机负荷、水温、进气温度等信号输入电脑，由电脑计算出适时的、恰当的汽油量和最佳点火提前角等，并输出控制信号给喷油阀和点火器等，使发动机在各工况下得到最佳性能。电控汽油喷射发动机组成如图 1-1 所示。

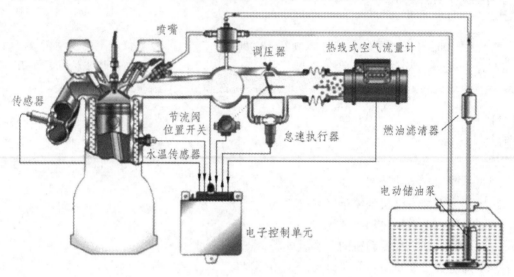

图 1-1　电控汽油喷射发动机组成图

引导问题 2：电控发动机是怎样发展起来的？

1. 电控发动机的历史由来

电子控制燃油喷射技术最早应用于飞机发动机，"二战"结束之后，燃油喷射技术才逐渐被应用于汽车发动机上。1952 年，曾用于"二战"德军飞机的机械式汽油喷射技术被应用于轿车，德国戴姆乐-奔驰 300L 型赛车装用了德国博世公司生产的第一台机械式汽油喷射装置。

1953 年，美国本迪克斯公司着手开发电控汽油喷射（EFI）装置，1957 年，该公司的电子控制汽油喷射系统问世，并首次装于克莱斯勒豪华型轿车和赛车上。但在 20 世纪 60 年代以前，车用汽油喷射装置大多采用机械式喷射泵，其结构和原理与柴油机喷油泵很相似，控制功能是借助于机械装置实现的，结构复杂，价格昂贵，多用于豪华型轿车和赛车。20 世纪 60 年代以后，由于电子技术的迅猛发展和受排放法规的限制，使电控汽油喷射技术得到了进一步的发展。1967 年，德国博世公司研制成功机械式汽油喷射系统，并进而成功开发增加了电子控制系统的机电结合式汽油喷射系统，使该技术得到了进一步的发展。1967 年，德国博世公司率先开发出一套 D 型全电子汽油喷射系统并应用于汽车上，于 20 世纪 70 年代首次批量生产，在当时率先达到了美国地方废气排放法规的要求，开创了汽油喷射系统的电子控制的新时代。之后，L 型电控汽油喷射系统又进一步发展成为 LH 型系统，后者既可精确测量进气质量，补偿大气压力，又可降低温度变化的影响，而且进气阻力进一步减小，使响应速度更快，性能更加卓越。1979 年，德国博世公司开始生产集电子点火和电控汽油喷射于一体的数字式发动机综合控制系统，它能对空燃比、点火时刻、怠速转速和废气再循环等方面进行综合控制。电控汽油喷射技术日趋完善，性能优越，使得电控汽油喷射装置从 20 世纪 70 年代末开始得到迅猛发展。

2. 电控汽油喷射式发动机的发展与现状

　　汽车作为人类文明进步的标志之一，已成为当今世界经济发展的支柱产业，成为人们日常工作和生活中不可或缺的一部分。随着交通事业的发展，公路总里程的增加，汽车的保有量也在迅猛增长。2013 年我国私人汽车保有量就已超过 8 000 万辆，历年的增长趋势如图 1-2 所示。汽车保有量的大幅度增长不仅导致石油燃料的大量消耗，而且由此所产生的大量对人体有害的排放物（如 NO_x、HC、CO 和微粒）所带来的环保问题，都成为人类可持续发展中所遇到的棘手问题。所以，如何节约有限的能源、降低汽车有害排放值、保护环境已成为我国现实发展中所考虑的关键问题。

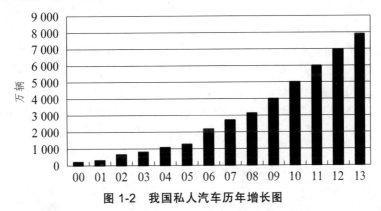

图 1-2　我国私人汽车历年增长图

　　电子控制作为最有希望的汽车发动机控制手段，电控汽油喷射式发动机可以精确控制空燃比，使燃烧充分，显著减少排气污染，发动机工作稳定性得到加强，噪音降低。发动机电控系统采集传感器的各种有用信息，由电控单元计算出最恰当的汽油量和最佳点火提前角等，并控制喷油器和点火器等执行器，使得发动机在各种工况下得到最佳性能。

　　电控汽油喷射技术日益完善，性能优越。据统计，进入 20 世纪 90 年代，美国三大汽车公司生产的轿车几乎 100% 应用电控燃油喷射系统，德国于 1993 年 10 月停止生产采用化油器式发动机的轿车而全部采用电控燃油喷射系统。到 1992 年美、日、欧电控汽油喷射的车辆分别占当年轿车产量的 95%、80% 和 51%。

　　目前汽车发动机电控系统的核心技术基本上都由国外厂商掌握，但由于市场需求潜力巨大，随着国家政策扶持和配套措施的到位，法律法规的完善，国内厂商在面临挑战的同时仍然拥有巨大的机遇。新出台《汽车产业发展政策》要求：鼓励自主开发，提高国际竞争力；汽车行业要发展制造业而不是组装业；体现民族资本利益，坚持中外合资整车企业中方所占股比不低于 50% 的原则。新颁布的《汽车产业发展政策》对企业产品自主开发能力的培养与提高给予了高度重视，相信很快会有具有自主知识产权、自主品牌的汽车电子控制系统为国产汽车配套，形成一定规模。目前国内自主开发能够满足相当于欧 Ⅱ 排放标准的电控燃油喷射系统，在技术上已不存在问题。

引导问题 3：电控汽油喷射发动机有什么优点？

电控汽油喷射发动机与化油器式发动机相比较具有以下优点：

（1）电控汽油喷射系统易于控制燃油供给量，实现混合气空燃比及点火提前角的精确控制，使发动机无论什么工况都能处于最佳运行状态。

（2）电控汽油喷射可以提高发动机进气效率进而提高输出功率。化油器可以使燃油细微化，改善发动机的过渡性，但其喉管直径不能无限地加大；电控汽油喷射则完全不需要喉管，这就减少了进气阻力，提高了进气效率，从而得到比化油器更高的输出功率。

（3）由于汽油喷射系统不需要对进气加热，使得压缩温度较低，不易发生爆震，故可采用较高的压缩比来提高热效率。

（4）化油器系统很大程度上依赖进气管的设计，特别是在低温起动时，由于燃油附着在进气管内壁，会使 HC 排放增加，还容易引起加速相应滞后。电控汽油喷射则不受其影响，它的燃油雾化是由喷油器的特性所决定的，与发动机转速无关，故起动性能良好，不存在从怠速向正常行驶过渡时可能出现的不圆滑现象。

（5）电控汽油喷射系统的控制自由度大，对动力性、经济性和排放等可以实现多目标控制；因工况变化，海拔高度、温度变化等对供油系统的影响可以非常容易得到校正。

（6）电控汽油喷射系统具有良好的耐热性能，电控汽油喷射的供油压力为 250 kPa 左右，它也没有浮子室，所以具有良好的抗气阻和防热渗透性。化油器与电控燃油喷射系统比较如图 1-3 所示。

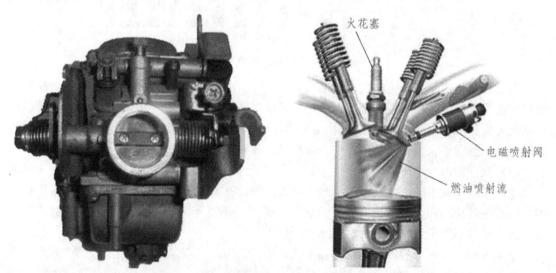

火花塞

电磁喷射阀

燃油喷射流

图 1-3　化油器与电控燃油喷射的对比

引导问题 4：电控汽油发动机有哪些机构和系统？

汽油发动机主要构成有两大机构、六大系统，如图 1-4 所示，主要构成如下：

1. 曲柄连杆机构

曲柄连杆机构包括机体组、活塞连杆组和曲轴飞轮组。这是发动机借以产生动力，并将活塞的往复直线运动转变为曲轴的旋转运动而输出动力的机构。机体组包括气缸盖、气缸体和机油盘。气缸体的上部为气缸盖，下部为曲轴箱，气缸体一般简称为缸体。发动机机体可作为发动机各机构、各系统的安装和配合的基体，而且其本身的许多部分又分别是曲柄连杆机构、配气机构、汽油喷射系、冷却系、润滑系的组成部分。气缸盖和缸体内壁与活塞顶部组成一个单坡屋脊性燃烧室，燃烧室中央有一个电火花塞，用来点燃混合气体。所以，机体组是承受高温高压的机件。

图 1-4　电控发动机主要构成

2. 配气机构

配气机构包括进气门、排气门、挺杆、进气凸轮轴、排气凸轮轴、正时齿轮以及凸轮轴正时皮带。配气机构的作用是将可燃气体及时充入气缸和及时地将燃烧后的废气从气缸中排出。

3. 冷却系统

冷却系统主要包括水泵、散热器、电控风扇、节温器、水道和缸内的冷却水套等。其作用是把发动机受热机件的热量带走，散发到大气中去，保证发动机正常工作；为空调取暖器提供热量，保证发动机冷车运转时受热均匀。

4. 起动系统

起动系统主要由起动机、蓄电池及控制部分等组成，功能主要是使静止的发动机起动并转入自行运转的过程，系统最主要的部件就是起动机。

5. 燃料供给系统

主要包括供给、供油和排气系统，分别由空气滤清器、节气门、进气歧管、排气歧管、排气管、汽油箱、输油泵、汽油滤清器、压力调节器、脉动衰减器、喷油器以及输油管、回油管等组成，燃油供给和空气供给的作用是根据发动机负荷和发动机转速，由 ECU 确定的喷油量和进气量混合成可燃混合气，进入气缸以供燃烧做功，并通过排气系统将废气排出发动机。

6. 润滑系统

润滑系统采用压力润滑和飞溅润滑方式，它由机油泵、机油压力调节器、机油滤清器、机油冷却器和油道组成，其功用是将润滑油供给做相对运动的零件，以减少它们之间的摩擦阻力，减轻运动机件的磨损，并可冷却摩擦零件，清洗摩擦表面，润滑系统还可以起到密封作用。

7. 点火系统

点火系统主要由点火器、点火线圈、分电器、火花塞和电子控制器等组成。电子控制系统由曲轴位置传感器、凸轮轴位置传感器和 ECU 组成。点火系的作用是 ECU 根据发动机的各种状况，计算点火正时并将点火正时信号送至点火器。点火器将点火线圈产生的高电压依次按序分配到各个火花塞产生火花，点燃可燃混合气。

8. 电子控制系统

电子控制系统包括下列 3 个部分：传感器、控制器和执行器。系统由若干只检测发动机各种状况的传感器、一只按传感器信号确定喷油量的电控单元（ECU），以及按 ECU 指令工作的喷油器组成。它的主要作用是根据发动机不同工况，决定最佳的喷油正时和喷油持续期。

引导问题 5：有哪些类型的电控发动机？

电控发动机按不同的分类方式有不同类型的电控发动机，主要有：

（1）按发动机使用的燃料不同可将电控发动机分为汽油电控发动机和柴油电控发动机，如图 1-5 所示。汽油发动机技术成熟应用普遍，柴油电控发动机起步较晚，但发展潜力巨大。

（a）汽油发动机　　　　　　　　　　　（b）柴油发动机

图 1-5　汽油发动机与柴油发动机

（2）电控发动机按吸入空气量的测量方式不同可分为直接测量式和间接测量式，如图 1-6 所示。直接测量式就是通过传感器直接测量进入发动机的空气的质量，也称 L 型；间接测量式就是通过进气压力、发动机转速、负荷计算出进入发动机的空气质量，也称为 D 型。

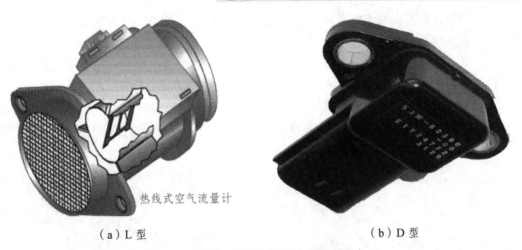

热线式空气流量计

（a）L型　　　　　　　　　　　　　（b）D型

图 1-6　L型与D型电控发动机最大特点

（3）按喷射方式的不同可将电控发动机分为同时喷射、分组喷射、顺序喷射3种，如图1-7所示。同时喷射是指各缸的喷油器同一时刻喷油、同一时刻停止喷油；分组喷射是指将偶数喷油器分成2～3组，每一组的喷油器同时喷油；顺序喷射是指各缸的喷油器按各缸的工作顺序进行喷油，也是应用最为广泛的喷射方式。

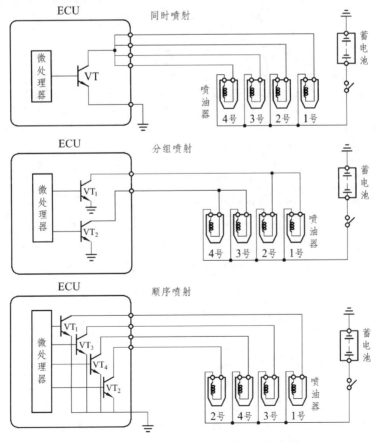

图 1-7　同时喷射、分组喷射、顺序喷射

（4）按燃油喷射位置不同可分为缸内喷射和缸外喷射，如图1-8所示。缸内喷射也叫缸内直喷，是直接将燃油喷到气缸中，在气缸内与空气形成可燃混合气，这样更能发挥每一滴燃油的功效，但对喷油嘴的要求很高，因为气缸内是高温高压的环境。缸外喷射只是将燃油喷到进气歧管中，在那里形成可燃混合气再送入气缸，那里的环境好得多，无需采用特殊的喷油嘴，它的不足是不如缸内直喷的节油。缸外喷射按喷油器的多少还可以分为单点喷射和多点喷射，如图1-9所示。单点喷射是指整个发动机由1~2支喷油器喷油，多点喷射是指每缸装一支喷油器。

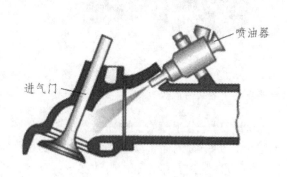
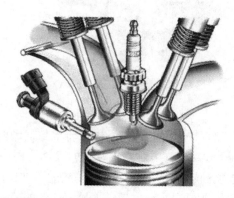

（a）缸外喷射　　　　　　　　　　　　　　（b）缸内喷射

图1-8　缸外喷射、缸内喷射

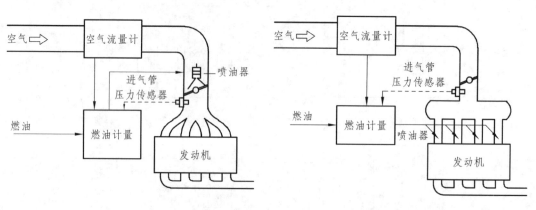

（a）单点喷射　　　　　　　　　　　　　　（b）多点喷射

图1-9　单点喷射、多点喷射

（5）按喷射装置控制方式不同可分为机械式、机电混合式、电子控制式燃油喷射系统。

机械式汽油喷射系统(K)是指利用机械控制实现汽油连续喷射的系统，它是由德国Bosch公司研制成功。

机电混合式汽油喷射系统（KE）是由德国Bosch公司在K型基础上改进而成。它与K型机械式汽油喷射系统的区别在于燃油分配器上安装了一个由ECU控制的电液式压差调节器。ECU根据水温、节气门位置等传感器的输入信号控制电液式压差调节器的动作。通过改变燃油分配器燃油计量槽进出口油压差，调节燃油供给量，达到对不同工况下可燃混合气空燃比的修正。

电子控制式燃油喷射系统应用电子控制单元直接控制燃油喷射和电子点火系统，目前汽车普遍采用该系统。燃油供给方式是喷油器把高于进气歧管压力 300 kPa 左右的燃油喷入进气门附近与空气混合，喷油器由 ECU 控制喷油脉冲，每次喷油持续时间一般为 2~10 ms。喷油持续时间越长，喷油量越大。它的进气系统中的空气计量装置检测进气量并转变成电信号输入 ECU，曲轴位置传感器检测曲轴转角并转变成电信号传给 ECU，用于计算发动机的转速，ECU 根据进气量信号和转速信号计算基本喷油量，再根据冷却液温度传感器和其他传感器检测的电信号修正基本喷油量，最后确定实际喷油量。ECU 还要根据节气门位置传感器输入的节气门不同开度信号，使发动机在不同工况下按不同的模式控制喷油量。

二、任务实施

引导问题 6：完成本任务，有哪些技术标准与要求？你用到了哪些设备仪器？

1. 技术标准与要求

起动电控发动机需要的电源电压为_____V。

2. 设备和材料的准备

将设备名称及型号填入表 1-1 中。

表 1-1　设备名称及型号

序　号	名　称	型　号

引导问题 7：你是怎样起动发动机的？

1. 起动大众 5V 电控发动机试验台操作步骤

（1）基本检查，检查发动机机油量及质，检查冷却液量是否在刻度线范围内，如图 1-10 所示，检查蓄电池桩头是否可靠连接，如图 1-11 所示。

（2）打开电源总开关，如图 1-12 所示。

（3）将点火开关置于 ON 位置，如图 1-13 所示，观察仪表及示教板的显示情况。

（4）将点火开关置于 STA 位置，起动发动机，如图 1-13 所示。

（5）缓慢加大油门，适当提高发动机转速。

（6）关闭点火开关及总电源，如图 1-13 所示。

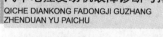
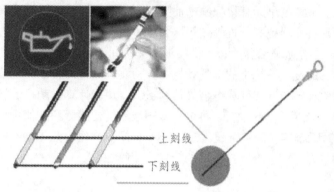

上刻线

下刻线

图 1-10 检查机油、冷却液

图 1-11 蓄电池极桩检查

图 1-12 电源总开关的开、关位置

点火开关（off）

点火开关（on）

点火开关（STA）

图 1-13 点火开关 OFF、ON、STA 挡

2. 起动大众 5 V 电控发动机试验台的注意事项

（1）起动电控发动机试验台应按操作规程或规范的操作步骤进行。

（2）每当没能正常起动发动机时，应及时关闭点火开关。

（3）操作完成后，应清点、整理所用的仪器、设备等。

引导问题 8：你认识了电控发动机哪些方面？

（1）观察电控发动机，将你认识的零部件填入表 1-2 中。

表 1-2　电控发动机零部件登记表

序　号	名　称	型号或特点

（2）电控发动机的电控单元连接各端子编号如图 1-14、图 1-15 所示。

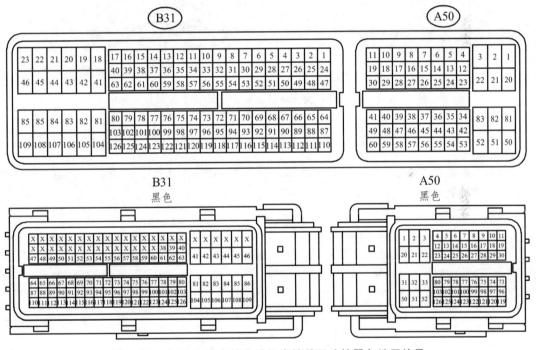

图 1-14　丰田 1ZR 电控发动机电控单元连接器各端子编号

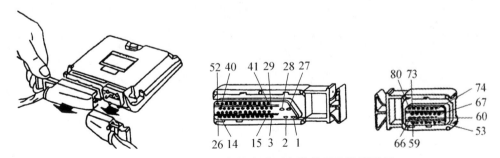

图 1-15　大众桑塔纳电控发动机电控单元连接器编号

丰田 1ZR 发动机电控单元连接器与桑塔纳发动机相同之处有：＿＿＿＿＿＿＿＿＿＿＿

＿＿＿＿＿＿＿＿＿＿＿＿＿＿＿＿＿＿＿＿＿＿＿＿＿＿＿＿＿＿＿＿＿＿＿＿＿＿＿

不同处有：＿＿＿＿＿＿＿＿＿＿＿＿＿＿＿＿＿＿＿＿＿＿＿＿＿＿＿＿＿＿＿＿＿＿

＿＿＿＿＿＿＿＿＿＿＿＿＿＿＿＿＿＿＿＿＿＿＿＿＿＿＿＿＿＿＿＿＿＿＿＿＿＿＿

＿＿＿＿＿＿＿＿＿＿＿＿＿＿＿＿＿＿＿＿＿＿＿＿＿＿＿＿＿＿＿＿＿＿＿＿＿＿。

丰田 1ZR、大众桑塔纳电控发动机电控单元外形，如图 1-16 所示。

图 1-16　丰田 1ZR、大众桑塔纳电控发动机电控单元外形图

引导问题 9：比较大众 5V 和丰田 1ZR 电控发动机有什么相同和不同点？

仔细观察大众 5V 电控发动机和丰田 1ZR 电控发动机各结构组成，并进行比较它们各自的特点，将比较后的情况填入表 1-3 中。

表 1-3　大众 5V、丰田 1ZR 电控发动机特点登记表

序　号	大众 5V 电控发动机	丰田 1ZR 电控发动机

续表 1-3

序　号	大众 5V 电控发动机	丰田 1ZR 电控发动机

三、评价与反馈

1．任务实施考核成绩评定（见表 1-4）

表 1-4　认识电控发动机考核表

考核项目及分值	考核内容	评分标准	评分记录
准备 10 分	1．清点人员情况 2．清点设备仪器、清理工位	1．不清点扣 1~5 分 2．不清点扣 1~5 分	
认识主要的 机构、系统 70 分	1．指出起动系统主要部件 2．指出燃油供给系统主要部件 3．指出点火系统主要部件 4．指出冷却系统主要部件 5．指出润滑系统主要部件 6．指出曲柄连杆机构主要部件 7．指出配气机构主要部件	1．不正确扣 1~10 分 2．不正确扣 1~10 分 3．不正确扣 1~10 分 4．不正确扣 1~10 分 5．不正确扣 1~10 分 6．不正确扣 1~10 分 7．不正确扣 1~10 分	
做基本检查 10 分	1．检查发动机机油 2．检查冷却液 3．检查电源	1．不检查扣 1~3 分 2．不检查扣 1~3 分 3．不检查扣 1~4 分	
收尾工作 10 分	1．清洁工具、量具、工作台 2．工、量具应摆放整齐	1．未清洁扣 1~3 分 2．未摆放整齐扣 1 分	
考核时限	完成全部考核内容规定用时为 15 min	1．超时 1 min 扣 5 分 2．超时 5 min 即停止记分	

注：造成人身、设备重大事故，或恶意顶撞考官、严重扰乱考场秩序，立即终止考试，此题计 0 分。

2. 任务过程评价与反馈（见表 1-5 和表 1-6）

表 1-5　任务过程评价表（教师填写）

考核项目	评分标准	分数	成绩	过程评价
劳动纪律	有无迟到、早退和旷课	5		
团队合作	是否和谐	5		
活动参与	是否精彩	5		
安全生产	有无安全隐患	10		
操作过程	是否正确、熟练	30		
任务质量	是否圆满完成	10		
工具、设备使用	是否规范、标准	10		
工作页填写	是否完整、规范	15		
现场 5S	是否做到	10		
总　　分		100		

注：没有按照操作流程操作，出现人身伤害或设备严重事故，本任务考核结果为 0 分。

表 1-6　任务过程反馈表（学生填写）

反馈内容	回答
你是否完成本次任务，并得到老师的确认？	
你是否能准确有效地收集、分析和组织完成资料，正确地交流信息？	
你是否已经掌握预期的知识和必备的技能？	
你是否充分使用学习资源和按计划有组织的完成目标任务？	
操作完成水平： 　上述表格中的项目应为肯定回答。若不是，应咨询老师。你可以请求附加相关活动，以便完成相关的操作技能。 教师签字：_____ 学生签字：_____ 完成日期：_____	

学习任务二　空气供给系统检修

任务描述：

　　李先生 2006 年的桑塔纳轿车在行驶到 18 000 km 左右时，发现仪表上的发动机故障灯开始亮起，将车开到上海大众 4S 店，服务顾问经过初步诊断，判定为空气供给系统故障后，开出了检修发动机空气供给系统的工单，机电组专业人员排除了故障。

学习目标：

　　通过本学习任务的学习，应当能：
（1）描述空气供给系统的组成。
（2）指出进气温度传感器安装位置。
（3）理清进气温度传感器线路走向。
（4）知道进气温度传感器作用、工作原理。
（5）正确使用万用表检测。
（6）对进气温度传感器、水温传感器进行规范检测。

建议学时：4 课时

学习内容：

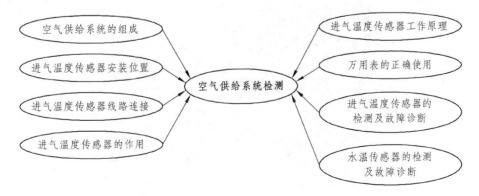

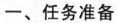
一、任务准备

引导问题1：汽车电控发动机空气供给系统由哪些主要部件组成？

　　空气供给系统是电控发动机一个重要组成部分，主要由空气滤清器、节气门体（含节气门位置传感器）、空气流量计（或进气歧管绝对压力传感器）、进气室、进气歧管、怠速控制阀以及进气控制阀等组成，如图2-1所示。空气供给系统的电控部分主要有空气流量计（或进气歧管绝对压力传感器）、节气门位置传感器、进气温度传感器。

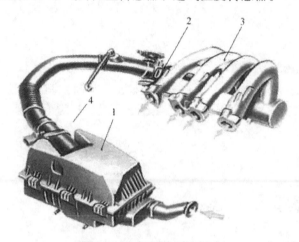

图 2-1　空气供给系统组成

1—空气滤清器；2—节气门体；3—进气歧管；4—空气流量计

引导问题2：进气温度传感器安装在什么位置，有什么作用？

　　进气温度传感器安装位置与发动机类型有关，丰田1ZR发动机进气温度传感器安装在空气流量计内，如图2-2所示。大众5V发动机进气温度传感器安装在进气歧管上，如图2-3所示。

　　进气温度传感器主要由负温度系数的热敏电阻、支架和环氧树脂密封件构成，丰田1ZR发动机进气温度传感器结构及原理如图2-4所示，内部是热敏电阻，外部为环氧树脂密封。传感器的电阻值随着进气温度的变化而变化，非常敏感；当温度降低时，传感器电阻值增大；

图 2-2　丰田1ZR发动机进气温度传感器安装位置图

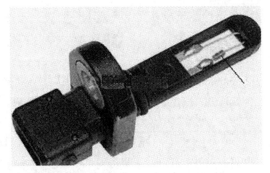

图 2-3 大众 5V 发动机进气温度传感器安装位置及外形图

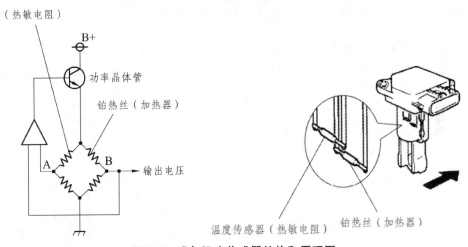

图 2-4 进气温度传感器结构和原理图

温度升高时，电阻值减小。进气温度传感器电阻随温度的变化曲线如图 2-5 所示。温度的变化直接导致传感器电阻的变化，传感器电阻的变化作为信号电压变化的依据，导致电路中电压发生变化，从而产生不同的电压信号。一般情况下，冷车时，进气温度传感器的信号与发动机水温传感器信号基本相同；热车时，其信号电压大约是水温传感器的 2～3 倍。

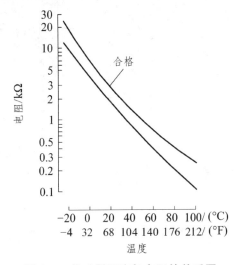

图 2-5 传感器温度与电阻的关系图

进气温度传感器检测发动机的进气温度,将进气温度信息转变为电压信号传输给电控单元 ECU,作为修正喷油量的参考依据之一。

冷却液温度传感器安装在发动机水道上,用来检测发动机冷却液温度,将温度信息转变成电信号传输给电控单元,作为修正喷油量的主要参考依据。丰田 1ZR 发动机冷却液温度传感器如图 2-6 所示。工作原理、工作过程与进气温度传感器一样,检测方法也与进气温度传感器一致。

图 2-6　冷却液温度传感器温度

引导问题 3:你能识读进气温度传感器电路图吗?

进气温度传感器是一个有电源的传感器,连接有两根导线,其中一根导线是由电控单元 ECU 提供的 5V 电源正极线,丰田车系中电控单元的连接端子为 THA,另一根导线是传感器搭铁线,与电控单元连接端子为 ETHA。

大众 5V、丰田 1ZR 发动机进气温度传感器及冷却液温度传感器电路如图 2-7、图 2-8、图 2-9 所示,仔细读懂电路图,根据你的理解,回答后面的问题。

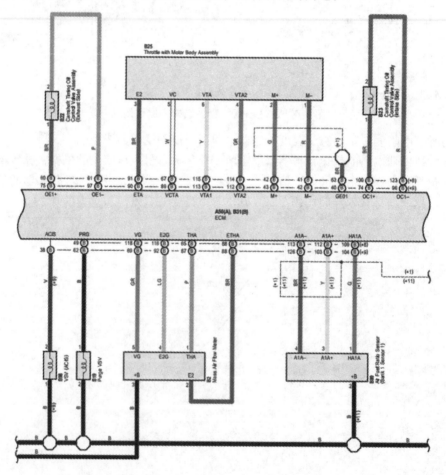

图 2-7　丰田 1ZR 发动机进气温度传感器电路图

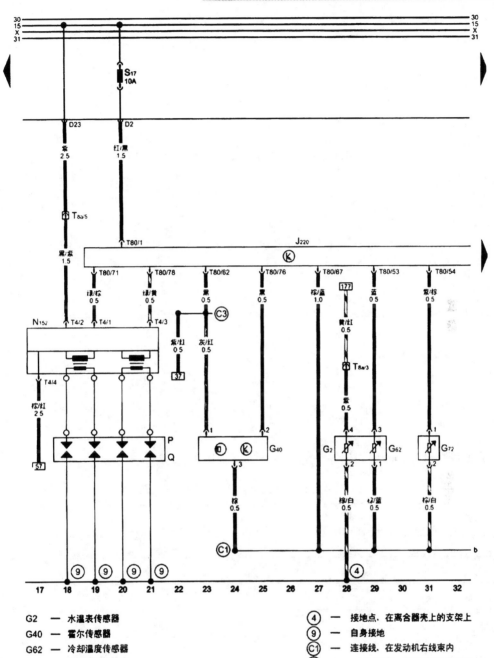

图 2-8　大众 5V 发动机进气温度传感器电路图

G2 — 水温表传感器
G40 — 霍尔传感器
G62 — 冷却温度传感器
G72 — 进气温度传感器
J220 — Motronic 发动机控制单元
N152 — 点火线圈
P — 火花塞插头
Q — 火花塞
S17 — 发动机控制单元保险丝，10 A
T4 — 前大灯线束与散热风扇控制器插头连接，4 针，在散热风扇控制器上
T8a — 发动机线束与发动机右线束插头连接，8 针，在发动机舱中间支架上
T80 — 发动机线束、发动机右线束与发动机控制单元插头连接，80 针，在发动机控制单元上

④ — 接地点，在离合器壳上的支架上
⑨ — 自身接地
C1 — 连接线，在发动机右线束内
C3 — +5V 连接线，在发动机右线束内

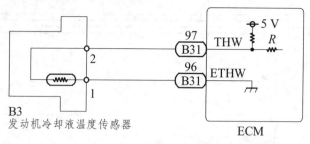

图 2-9　丰田 1ZR 发动机冷却液温度传感器线路连接电路图

（1）图 2-7 中 ECM 是_____，Br 是_____。（发动机电控单元、导线颜色为棕色）

（2）图 2-8 中 G72 是_____，T80/54 是_____，"棕/白"是_____，J220 是_____。（进气温度传感器、电控单元 80 针脚中的第 54 针、导线主颜色为棕色辅色为白色、发动机电控单元）

（3）图 2-9 中 B3 是_____，B31 是_____，97 是_____。（冷却液温度传感器代号、发动机电控单元的插接器、第 97 针脚）

二、任务实施

引导问题 4：完成进气温度传感器检修任务，需要使用的工、量具及设备有哪些？

将完成温度传感器检修任务所用到的设备仪器及工量具填入表 2-1 中。

表 2-1　设备和工量具名称及型号登记表

序　号	名　称	型　号

引导问题 5：怎样检测进气温度传感器？如何确定是线路故障还是传感器故障？

1. 检测丰田 1ZR 进气温度传感器插接器电源电压

依据图 2-10，检测进气温度传感器插接器电源电压时有以下操作步骤：

（1）在点火开关关闭时断开进气温度传感器（空气流量计）插接器 B2。

（2）使用专用连接线连接在进气温度传感器（空气流量计）插接器 B2 的 1、2 号端子上。

（3）将万用表红表笔接插接器 B2 的 1（THA）号端子连接线，黑表笔接插接器 B2 的 2（E2）号端子连接线，如图 2-10 所示；将万用表调到 DCV 挡，打开点火开关，测量电压，将测量结果填入表 2-2 中。

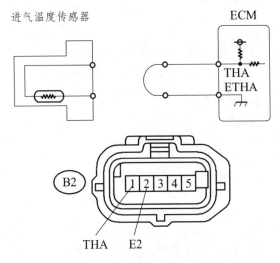

图 2-10 传感器与插接器连接图

表 2-2 进气温度传感器电压检测登记表

序号	检测内容	检测结果	标准值
1	电源电压检测第 1 次		9~14 V
2	电源电压检测第 2 次		
3	电源电压检测第 3 次		
检测结论：			

2. 检测丰田 1ZR 进气温度传感器电阻

按图 2-11 所示位置检测传感器室温时的电阻，操作步骤如下：

（1）在点火开关关闭时断开进气温度传感器（空气流量计）插接器 B2。

（2）使用专用连接线连接在进气温度传感器（空气流量计）插座 B2 的 1、2 号端子上。

（3）将万用表一表笔接插接器 B2 的 1（THA）号端子连接线，另一表笔接插接器 B2 的 2（E2）号端子连接线；将万用表调到欧姆挡（Ω），测量传感器电阻值，将测量结果填入表 2-3 中。

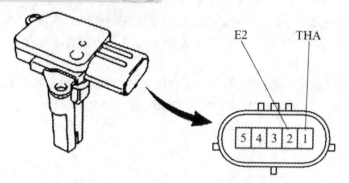

图 2-11　传感器与插接器连接图

表 2-3　进气温度传感器电阻检测登记表

序号	检测项目	检测结果	标准值
1	传感器电阻（常温）		
2	传感器电阻（加热）		
3	传感器电阻（常温）		
检测结论：			

3. 检测丰田 1ZR 进气温度传感器导线

按图 2-12 所示位置检测传感器连接导线，将检测情况记入表 2-4 中：

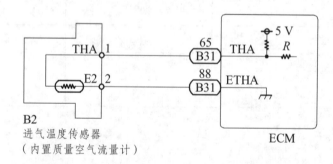

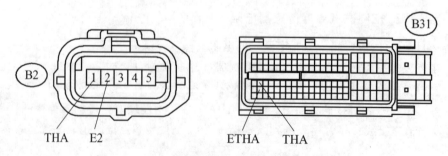

图 2-12　进气传感器与电控单元间的导线连接图

表 2-4　进气温度传感器导线检测登记表

序号	检测位置	检测结果	标准值
1	$B2_1$（THA）-$B31_{65}$（THA）		$< 1\ \Omega$
2	$B2_2$（E2）-$B31_{88}$（ETHA）		
检测结论：			

引导问题 6：你怎样检测冷却液温度传感器？

检测冷却液温度传感器的方法和进气温度传感器检测方法一样，冷却液温度传感器线束连接器及电控单元连接器如图 2-13 所示，检测的主要项目和检测结果填入表 2-5。

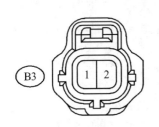 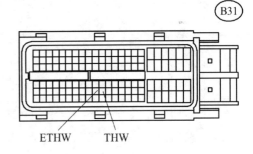

（a）线束连接器前视图：（至发动机冷却液温度传感器）　　　（b）线束连接器前视图：（至 ECM）

图 2-13　冷却液温度传感器与电控单元线束连接器

表 2-5　冷却液温度传感器检测登记表

序号	检测项目	检测结果	标准值
检测结论：			

引导问题 7：进气温度、冷却液温度传感器出现故障后有什么故障现象？

故障现象：出现故障后不易着车，尤其在失效后容易导致热车不好着车，排气冒黑烟。因为当温度传感器失效后，电脑就按照 20 ℃ 时的情况进行喷油工作！喷油量大！

三、评价与反馈

1. 任务实施考核成绩评定（见表2-6）

表2-6　温度传感器检测考核表

考核项目及分值	考核内容	评分标准	评分记录
准备 10分	1. 清点设备仪器、清理工位 2. 检查电源断开情况	1. 未清洁设备仪器、试验台扣3分 2. 未检查设备扣5分	
检测电源电压 25分	1. 正确选择万用表挡位 2. 检测位置表笔连接正确 3. 读数及记录正确	1. 不能正确选择扣5分 2. 不正确检测扣5分 3. 不能正确读、记扣10~15分	
检测传感器电阻 30分	1. 正确使用专用连接线 2. 正确选择万用表挡位 3. 正确测量和记录	1. 不能正确连接扣1~5分 2. 操作错误扣5~10分 3. 不正确扣5~10分	
检测传感器连接导线 25分	1. 正确使用专用连接线 2. 正确选择万用表挡位 3. 正确测量和记录	1. 不正确连接5分 2. 不正确选择扣5分 3. 不正确扣10分	
结束工作 10分	1. 清洁工具、量具、工作台 2. 工、量具应摆放整齐	1. 未清洁扣1~3分 2. 未摆放整齐扣1分	
考核时限	完成全部考核内容规定用时为15 min	1. 超时1 min扣5分 2. 超时5 min即停止记分	

注：造成人身、设备重大事故，或恶意顶撞考官、严重扰乱考场秩序，立即终止考试，此题计0分

2. 任务过程评价与反馈（见表2-7和表2-8）

表2-7　任务过程评价表（教师填写）

考核项目	评分标准	分数	成绩	过程评价
劳动纪律	有无迟到、早退和旷课	5		
团队合作	是否和谐	5		
活动参与	是否精彩	5		
安全生产	有无安全隐患	10		
操作过程	是否正确、熟练	30		
任务质量	是否圆满完成	10		
工具、设备使用	是否规范、标准	10		
工作页填写	是否完整、规范	15		
现场5S	是否做到	10		
总分		100		

注：没有按照操作流程操作，出现人身伤害或设备严重事故，本任务考核结果为0分。

表 2-8　任务过程反馈表（学生填写）

反馈内容	回答
你是否完成本次任务，并得到老师的确认？	
你是否能准确有效地收集、分析和组织完成资料，正确地交流信息？	
你是否已经掌握预期的知识和必备的技能？	
你是否充分使用学习资源和按计划有组织的完成目标任务？	
操作完成水平： 　上述表格中的项目应为肯定回答。若不是，应咨询老师。你可以请求附加相关活动，以便完成相关的操作技能。 　教师签字：＿＿＿＿＿＿＿＿＿＿＿＿＿＿＿＿＿＿＿＿＿＿＿ 　学生签字：＿＿＿＿＿＿＿＿＿＿＿＿＿＿＿＿＿＿＿＿＿＿＿ 　完成日期：＿＿＿＿＿＿＿＿＿＿＿＿＿＿＿＿＿＿＿＿＿＿＿	

学习任务三　空气流量计、进气压力传感器检修

 任务描述：

　　李先生 2006 年的桑塔纳轿车在行驶到 88 000 km 左右时，发现仪表上的发动机故障灯开始亮起，发动机也"发吐"。将车开到上海大众 4S 店，服务顾问经过初步诊断，判定为空气供给系统故障后，开出了检修发动机空气供给系统的工单，机电组专业人员排除了故障。

 学习目标：

　　通过本学习任务的学习，应当能：
（1）描述空气流量计的作用和工作过程。
（2）描述进气歧管压力传感器的作用和工作过程。
（3）理清空气流量计、进气歧管压力传感器线路走向。
（4）正确使用工、量具进行检测。
（5）对空气流量计进行规范检测和试验。
（6）对进气歧管压力传感器进行规范检测和试验。

 建议学时：8 课时

 学习内容：

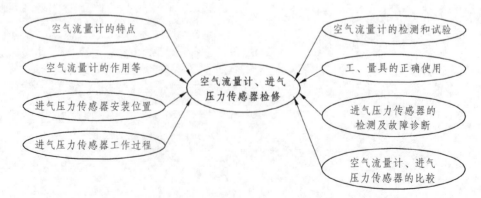

一、任务准备

电子控制汽油喷射系统包括下列 3 个子系统：燃油供给系统、空气供给系统和电子控制系统。空气供给系统由空气滤清器、节气门体、空气流量计、进气室、怠速控制阀以及进气控制阀组成。燃油供给系统和空气供给系统的作用是根据节气门位置（发动机负荷）和发动机转速，由电控单元 ECM/ECU 确定的喷油量和进气量按较理想比例混合形成可燃混合气，进入气缸以供燃烧做功。电子控制系统由检测发动机各种状况的传感器、电控单元以及按ECU 指令工作的执行器组成。系统的主要作用是根据发动机不同工况，决定最佳的喷油正时和喷油持续期。空气流量计作为空气供给系统重要组成部分，起着测量进入发动机空气质量的重要作用。

引导问题 1：什么是空气流量计？它安装在什么位置？有什么作用？

空气流量计又称为空气流量传感器，是对进入发动机气缸的空气量进行计量的装置，空气流量计结构外形如图 3-1 所示。空气流量计一般都安装在空气滤清器后面，节气门体前面，较接近空气滤清器，丰田卡罗拉 1ZR 电控发动机空气流量计安装位置如图 3-2 所示。

图 3-1　空气流量计结构外形图

图 3-2　空气流量计安装位置图

空气流量计的主要作用是对通过空气流量计的空气量进行直接测量，并把空气流量信息转变成电信号输送给 ECU，作为决定喷油器基本喷油量的主控信号，从而控制燃烧时所需要的燃油量，即空气量决定基本喷油量。

一般来说，驾驶员通过控制加速踏板（油门）来控制节气门的开度，进而控制进气量。节气门开度不同，进气量也不同。进气量的计量就由空气流量计来完成。

引导问题 2：空气流量计是怎么工作的？

现代汽车电控发动机主要采用热线式空气流量计和热膜式空气流量计，它们的工作原理一样；主要由热线电阻、温度补偿电阻、精密电阻、电桥电阻和混合集成电路等组成，热膜式空气流量计结构组成如图 3-3 所示。

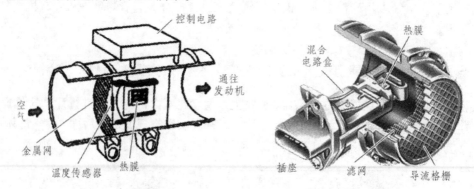

图 3-3　热膜式空气流量计结构图

1. 空气流量计的工作原理

热线（膜）式空气流量计原理示意如图 3-4 所示，控制电路中的热线电阻 R_H、温度补偿电阻 R_K 与精密电阻 R_A、电桥电阻 R_B 组成一个惠登电桥。当空气流过帕热线电阻 R_H 时，R_H 的热量被带走造成温度降低，导致 R_H 的电阻减小，电桥失去平衡。要恢复 R_H 的温度和电阻值，必须要增加流过 R_H 的电流，加大的电流流过精密电阻 R_A 时，R_A 两端的电压 U 也随之增加，输出电压 U 与流过热线电阻 R_H 的空气流量成正比，将信号电压 U 传输给 ECU 确定空气流量。温度补偿电阻 R_K 用来消除进气温度的变化对空气流量测量的影响。控制电路将热线电阻 R_H 与温度补偿电阻 R_K 之间的温差保持不变，该温差一般为 100 ℃。

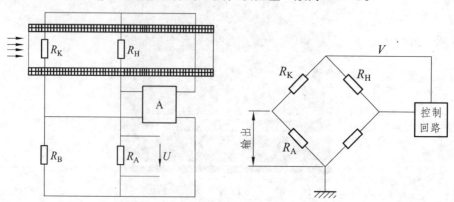

图 3-4　热膜式空气流量计原理示意图

R_H—热线电阻；R_K—温度补偿电阻；R_A—精密电阻；R_B—电桥电阻；A—混合集成电路

当进气量增大，致使帕热线（热线电阻）散热加快，热线电阻减小，电桥平衡受到破坏。控制电路自动增大电流，增大热线电阻使电桥重新恢复平衡。因电路中电流的增大，使精密电阻的电位增大。精密电阻电位（即信号电压）与进气量成正比，作为进气量信号电压传输给发动机电控单元 ECU。

2. 空气流量与信号电压的关系

根据空气流量计的工作原理，信号电压与进气量成正比，即在一定范围内，空气流量增大，信号电压成线性升高；空气流量减小，信号电压成线性降低。信号电压与空气流量的关系如图 3-5 所示。

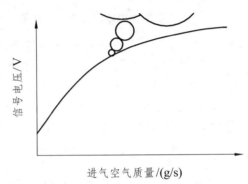

图 3-5 信号电压与空气流量的关系

3. 空气流量计发生故障时的备用措施

空气流量信号是电控单元精确计算喷油量的主要依据，如果空气流量计发生故障，电控单元将启动备用模式，把空气流量值设定在 5 g/s，同时记录故障代码。此时将造成怠速不稳、发动机喘抖、怠速游车、怠速转速偏高、燃油脉宽增加、行驶费油、点火推迟、尾气排放恶劣等。

4. 空气流量计的工作电源

热膜式空气流量计工作时需要的工作电源有两种：丰田 1ZR 电控发动机空气流量计采用的是 5 V 电源，由电控单元提供；大众 5 V 电控发动机采用 12 V、5 V 两种电源，5 V 电源由电控单元提供，12 V 电源由汽车电源提供。

引导问题 3：什么是进气压力传感器？它安装在什么位置？有什么作用？

空气供给系统按空气计量的方式可分为两种：L 型和 D 型。L 型是指直接测量空气量，如前面的空气流量计。直接测量发动机进气量，大大提高了测量精度，从而提高了控制精度。D 型是指间接测量空气量，通过进气压力传感器检测进气歧管内真空度，再根据进气歧管真空度的大小、节气门开度等计算出发动机的进气量，这种间接测量精度不高，目前主要用于普通汽车电控发动机系统。

进气压力传感器是用来检测节气门后方的进气歧管的绝对压力的装置，它安装在节气门体后面发动机进气总管、歧管上，也可以利用真空管布置在合适的位置，外形如图 3-6 所示。

图 3-6   进气歧管绝对压力传感器外形图

　　进气压力传感器根据发动机转速和负荷的大小检测出歧管内绝对压力的变化，然后转换成信号电压送至电控单元，ECU 依据此信号电压的大小，控制基本喷油量的大小。进气压力传感器种类较多，有压敏电阻式、电容式等。由于压敏电阻式具有响应时间快、检测精度高、尺寸小且安装灵活等优点，因而被广泛使用。压敏电阻式进气歧管绝对压力传感器主要由塑料外壳、过滤器、混合集成电路、压力转换元件等组成，如图 3-7 所示。

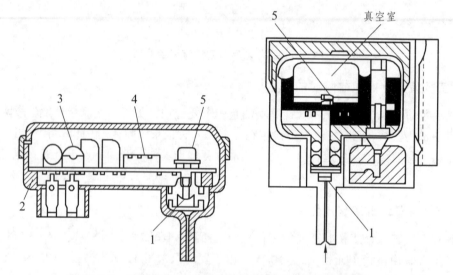

图 3-7   压敏电阻式进气歧管绝对压力传感器结构组成

1—滤波器；2—塑料壳体；3—过滤器；4—混合集成电路；5—压力转换元件

　　引导问题4：进气压力传感器是怎么工作的？

　　进气压力传感器采用间接方法测量空气量，它测量进气歧管绝对压力，并将压力信号转变成电信号传输给电控单元，作为控制喷油量的主控信号。

1. 进气压力传感器的工作过程

　　压敏电阻式进气压力传感器主要利用压敏电阻的特性，当进气压力传感器的压敏电阻受到进气压力增大时，压敏电阻的输出端信号电压也升高；当压敏电阻受到进气压力减小时，压敏电阻的输出端信号电压也降低。压敏电阻输出电压（即信号电压）与进气压力成正比，进气压力信号电压传输给发动机电控单元 ECU，作为 ECU 计算空气量的主控信号。

2. 进气歧管绝对压力与信号电压的关系

根据进气压力传感器的工作过程或基本原理，信号电压与进气歧管绝对压力成正比，即在一定范围内，进气歧管绝对压力增大，信号电压成线性升高；进气歧管绝对压力减小，信号电压成线性降低。信号电压与进气歧管绝对压力的关系如图3-8所示。

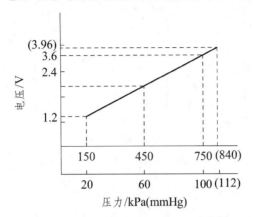

图 3-8　信号电压与进气压力的关系图

引导问题5：你能识读空气流量计电路图吗？

（1）丰田 1ZR 空气流量计电路图如图3-9、图7-6所示，仔细读懂电路图，根据你的理解，回答后面的问题。

丰田 1ZR 空气流量计 B2 有 3 根导线，它们分别是：_____、_____、_____。
B31—_____　　　　A50—_____　　　EFI No.1—_____
（连接器端子3接电源＋，端子4接电源－，端子5接输出信号线，电控单元连接器 B31，电控单元连接器 A50，主线路第1号熔断器）

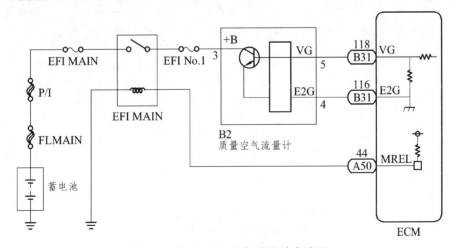

图 3-9　丰田 1ZR 空气流量计电路图

（2）大众 5V 电控发动机空气流量计电路图如图 3-10 所示，仔细读懂电路图，根据你的理解，回答后面的问题。

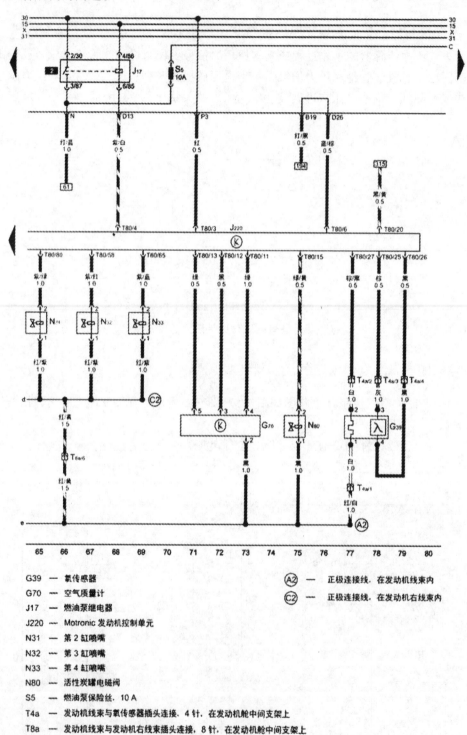

G39 —— 氧传感器
G70 —— 空气质量计
J17 —— 燃油泵继电器
J220 —— Motronic 发动机控制单元
N31 —— 第 2 缸喷嘴
N32 —— 第 3 缸喷嘴
N33 —— 第 4 缸喷嘴
N80 —— 活性炭罐电磁阀
S5 —— 燃油泵保险丝，10 A
T4a —— 发动机线束与氧传感器插头连接，4 针，在发动机舱中间支架上
T8a —— 发动机线束与发动机右线束插头连接，8 针，在发动机舱中间支架上
T80 —— 发动机线束、发动机右线束与发动机控制单元插头连接，80 针，在发动机控制单元上

(A2) —— 正极连接线，在发动机线束内
(C2) —— 正极连接线，在发动机右线束内

图 3-10　大众 5V 电控发动机空气流量计电路图

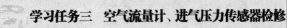

红/蓝—＿＿＿＿＿＿＿　　　G70—＿＿＿＿＿＿＿　　　J17—＿＿＿＿＿＿＿

T80/13—＿＿＿＿＿＿＿　　　0.5—＿＿＿＿＿＿＿　　　绿/0.5

30—＿＿＿＿＿＿＿　　　J220—＿＿＿＿＿＿＿

（导线颜色为"红/蓝"，空气流量计代号，燃油泵继电器代号，电控单元连接器 80 针脚中的第 13 脚，导线的截面面积为 0.5mm²，导线颜色为绿色，截面面积 0.5mm²，电源正极 30 号线，电控单元代号）

说明：燃油泵继电器 3/87 端子连接 N 连接至编号"61"处，再连接至 A2 线束，连接编号"66"处的红/黄导线和空气流量计 G70 黑色导线，即 61 连接至 A2。

二、任务实施

引导问题 6：完成本任务，有哪些技术标准与要求？需要使用的工、量具有哪些？

1. 技术标准与要求

（1）发动机的电源电压为＿＿＿＿＿＿＿V，ECM 提供的电源电压为＿＿＿＿＿＿＿V。（　　　）

（2）导线正常导通时电阻检测值应为＿＿＿＿＿＿＿Ω。（　　　）

（3）空气流量计信号电压应为＿＿＿＿＿＿＿V，进气歧管绝对压力信号电压应为＿＿＿＿＿＿V。（　　　）

（A．9～14，4.5～5.0　　　　B．＜0.5　　　　C．0.2～4.9，0.8～4.6）

2. 工具、设备和材料的准备

将工、量具名称及型号填入表 3.1 中。

表 3-1　工、量具名称及型号登记表

序　号	名　称	型　号

引导问题 7：怎样检测丰田 1ZR 空气流量计？如何避免检测时损坏空气流量计？

1. 检测丰田 1ZR 空气流量计连接器电源电压

依据图 3-9 所示电路，按图 3-11 所示连接器位置，检测空气流量计连接器电源电压，有以下操作步骤：

（1）在点火开关关闭时断开空气流量计连接器 B2。

（2）使用专用连接线连接在空气流量计连接器 B2 的 3、4 号端子上。

（3）将万用表红表笔接连接器 B2 的 3 号端子连接线，另一表笔接连接器 B2 的 4（E2G）号端子连接线。

（4）将万用表调到直流电压挡（DCV），打开点火开关，测量空气流量计电源电压，将测量结果填入表 3-2 中。

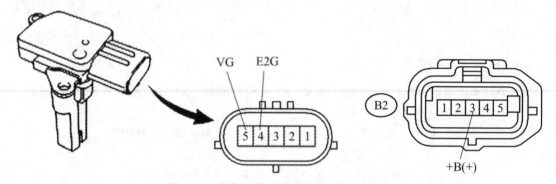

图 3-11　空气流量计的连接器端子示意图

表 3-2　空气流量计电源电压检测登记表

序号	检测位置	检测结果	标准值
1	$B2_3$（+B）—$B2_4$（E2G）		
检测结论：			

2. 检测丰田 1ZR 空气流量计信号电压

依据图 3-9、7-6 所示电路，按图 3-11 所示连接器位置，检测空气流量计信号电压，有以下操作步骤（前提：前面检测的电源电压正常）：

（1）在点火开关关闭时断开空气流量计连接器 B2。

（2）使用专用连接线连接空气流量计插座、连接器 B2 插头的 3、4、5 号端子上。

（3）将万用表红表笔接连接器 B2 的 5 号端子（VG）连接线，另一表笔接连接器 B2 的 4（E2G）号端子连接线。

（4）将万用表调到直流电压挡（DCV），起动发动机，按表 3-3 所列状态或位置测量空气流量计信号电压，将测量结果填入表 3-3 中。

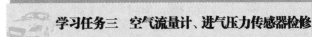

表 3-3　空气流量计信号电压检测登记表

序号	检测位置	检测结果	标准值
1	怠速：$B2_5$（VG）—$B2_4$（E2G）		
2	负荷 20%：$B2_5$（VG）—$B2_4$（E2G）		
3	负荷 50%：$B2_5$（VG）—$B2_4$（E2G）		
检测结论：			

3. 检测丰田 1ZR 空气流量计导线

依据图 3-9、7-6 所示电路，按图 3-12 所示连接器端子位置，检测空气流量计导线，有以下操作步骤：

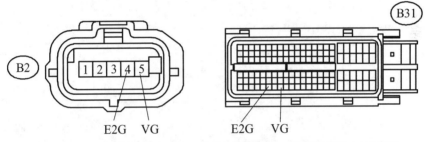

图 3-12　空气流量计连接器 B2 与电控单元 B31 导线端子位置示意图

（1）在点火开关关闭时断开空气流量计连接器 B2。

（2）断开电控单元连接器 B31。

（3）将万用表调到欧姆挡（Ω），按表 3-4 所列内容测量空气流量计导线电阻，将测量结果填入表 3-4 中。

表 3-4　空气流量计导线检测登记表

序号	导线及检测位置	检测结果	标准值
1	信号线导通检查：$B2_5$（VG）—$B31_{118}$（VG）		$<1\,\Omega$
2	搭铁线导通检查：$B2_4$（E2G）—$B31_{116}$（E2G）		$<1\,\Omega$
3	电源线导通检查：$B2_3$（+B）—EFI No.1		$<1\,\Omega$
4	$B2_5$（VG）—搭铁线 $B31_{118}$（VG）—搭铁线		$>10\,k\Omega$
5	$B2_3$（+B）—搭铁线 EFI No.1—搭铁线		$>10\,k\Omega$
检测结论：			

引导问题 8：如何对进气歧管压力传感器进行规范检测？

1. 检测丰田 5A-FE 发动机进气歧管绝对压力传感器电源电压

丰田 5A-FE 发动机进气歧管绝对压力传感器与电控单元线路连接如图 3-13 所示，检测传感器电源电压，操作步骤主要有：

（1）在点火开关关闭时断开进气歧管绝对压力传感器连接器 V1。

（2）将万用表红表笔接连接器 V1 的 3 号端子（VC），另一表笔接连接器 V1 的 1 号端子（E2）。

（3）将万用表调到直流电压挡（DCV），打开点火开关，测量进气歧管绝对压力传感器电源电压，将测量结果填入表 3-5 中。

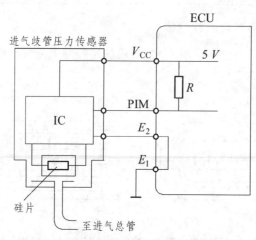

图 3-13　进气歧管绝对压力传感器与电控单元电路连接图

表 3-5　进气歧管绝对压力传感器电源电压登记表

序号	检测项目/位置	检测结果	标准值
1	传感器电源电压 $V1_3$（VC）—$V1_1$（E2）		
2	怠速时信号电压 $V1_2$（+B）—$V1_1$（E2）		
3	20% 负荷时信号电压 $V1_2$（+B）—$V1_1$（E2）		
4	50% 负荷时信号电压 $V1_2$（+B）—$V1_1$（E2）		
检测结论：			

2. 检测丰田 5A-FE 发动机进气歧管绝对压力传感器信号电压

依据图 3-12 电路图，检测传感器信号电压，操作步骤主要有：

（1）在点火开关关闭时断开进气歧管绝对压力传感器连接器 V1。

（2）将万用表红表笔接连接器 V1 的 2 号端子（PIM），另一表笔接连接器 V1 的 1 号端子（E2）。

（3）将万用表调到直流电压挡（DCV），打开点火开关，测量进气歧管绝对压力传感器信号电压，将测量结果填入表 3-5 中。

三、评价与反馈

1. 任务实施考核成绩评定（见表 3-6）

表 3-6 空气流量计、进气歧管绝对压力传感器考核表

考核项目及分值	考核内容	评分标准	评分记录
准备 10 分	1．清点设备仪器、清理工位 2．检查电源断开情况	1．未清洁设备仪器、试验台扣 3 分 2．未检查设备扣 5 分	
空气流量计的检测 45 分	1．正确使用仪器 2．检测顺序正确 3．检测方法正确	1．不能正确使用扣 1~15 分 2．顺序不正确扣 1~15 分 3．检测方法错误扣 1~15 分	
进气歧管压力传感器检查 35 分	1．正确使用仪器 2．检测顺序正确 3．检测方法正确	1．不能正确使用扣 1~10 分 2．顺序不正确扣 1~10 分 3．检测方法错误扣 1~15 分	
收尾工作 10 分	1．清洁工具、仪器、工作台 2．工具、仪器应摆放整齐	1．未清洁扣 1~3 分 2．未摆放整齐扣 1 分	
考核时限	完成全部考核内容规定用时为 15 min	1．超时 1 min 扣 10 分 2．超时 10 min 即停止记分	

注：造成人身、设备重大事故，或恶意顶撞考官、严重扰乱考场秩序，立即终止考试，此题计 0 分

2. 任务过程评价与反馈（见表 3-7 和表 3-8）

表 3-7 任务过程评价表（教师填写）

考核项目	评分标准	分数	成绩	过程评价
劳动纪律	有无迟到、早退和旷课	5		
团队合作	是否和谐	5		
活动参与	是否精彩	5		
安全生产	有无安全隐患	10		
操作过程	是否正确、熟练	30		
任务质量	是否圆满完成	10		
工具、设备使用	是否规范、标准	10		
工作页填写	是否完整、规范	15		
现场 5S	是否做到	10		
总　分		100		

注：没有按照操作流程操作，出现人身伤害或设备严重事故，本任务考核结果为 0 分。

表 3-8 任务过程反馈表 （学生填写）

反馈内容	回答
你是否完成本次任务，并得到老师的确认？	
你是否能准确有效地收集、分析和组织完成资料，正确地交流信息？	
你是否已经掌握预期的知识和必备的技能？	
你是否充分使用学习资源和按计划有组织的完成目标任务？	
操作完成水平： 上述表格中的项目应为肯定回答。若不是，应咨询老师。你可以请求附加相关活动，以便完成相关的操作技能。 教师签字： _____ 学生签字： _____ 完成日期： _____	

学习任务四　节气门位置传感器检修

任务描述：

　　李先生 2006 年的桑塔纳轿车在行驶到 18 000 km 左右时，动力不足，油耗增加。通过汽车诊断电控单元检测到有与发动机节气门位置传感器相关的故障码，需对节气门位置传感器及其电路进行检查，确定故障部位，并维修或更换。

学习目标：

通过本学习任务的学习，应当能：
（1）叙述节气门位置传感器的作用及种类。
（2）叙述节气门位置传感器的工作原理。
（3）分析节气门位置传感器对车辆性能的影响。
（4）规范地检查节气门位置传感器。
（5）总结节气门位置与喷油量之间的关系。
（6）对节气门位置传感器进行规范检测。

建议学时：6 课时

学习内容：

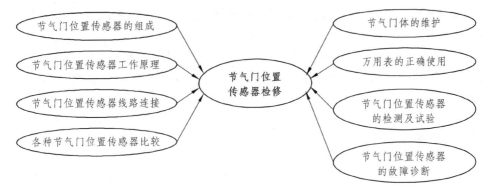

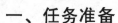
一、任务准备

引导问题 1：什么是节气门位置传感器？它有什么作用？

节气门体是发动机进气系统上的一个重要控制装置，是控制发动机吸气量多少的一个阀门，可分为 3 个部分：执行器、节气门片和节气门位置传感器。它们一般被封装成为一体，其外形及安装位置如图 4-1 所示。

图 4-1　节气门体总成外形、位置图

节气门位置传感器，如图 4-2 所示，又称为节气门开度传感器。其主要功用是检测出发动机是处于怠速工况还是负荷工况，是加速工况还是减速工况。节气门位置传感器安装在节气门体上，为了保证它在各种条件下均能正常工作，它必须具有防油、防振、防腐和适应各种工作环境等功能。

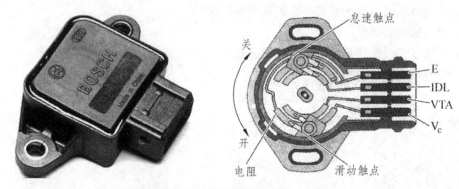

图 4-2　节气门位置传感器外形、结构图

汽车发动机节气门一般由驾驶员通过加速踏板来操纵，以改变发动机的进气量，从而控制发动机的转速及动力，不同的节气门开度标志着发动机的不同运转工况。

为了使喷油量满足不同工况的要求，电子控制汽油喷射系统在节气门体上装有节气门位置传感器。它可以将节气门的开度转换成电信号输送给 ECU，作为 ECU 判定发动机运转工况的依据。

引导问题 2：节气门位置传感器有哪些种类？各有什么特点？

节气门位置传感器根据工作原理的不同主要分成 3 种：触点开关式、线性可变电阻式、霍尔式。应用最广泛的是可变电阻式节气门位置传感器，包括电子节气门。

1. 触点开关式节气门位置传感器

触点开关式节气门位置传感器由滑动触点和两个固定触点组成，两个开关触点构成一个旋转开关，如图 4-3 所示。怠速开关由一个常开触点构成，节气门处在怠速位置时，它处于断开状态，将怠速高电位信号输送给发动机电控单元，发动机电控单元接到这个信号后，即可使发动机进入怠速控制状态，或者控制发动机在减速状态时停止喷射燃油；另一个常闭触点在节气门开度达到全负荷状态时，将发动机全负荷高电位输送给电控单元，发动机电控单元接到这个信号后，即可使发动机进入全负荷加浓控制状态。

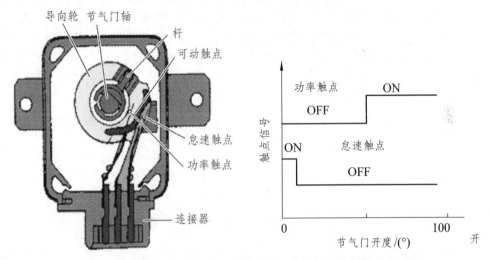

图 4-3　触点开关式节气门位置传感器和节气门开度与信号关系图

触点开关式节气门位置传感器的旋转臂与节气门轴相连，并随节气门一起转动，它是一个三线型传感器。

2. 线性可变电阻式节气门位置传感器

线性可变电阻式节气门位置传感器是一个可变电阻器或电位计，如图 4-4 所示。它告诉电控单元节气门的位置，大多数节气门位置传感器包含与节气门轴相连的滑动触点臂，该触点臂在绕可动触点的轴放置的电阻材料段上滑动。

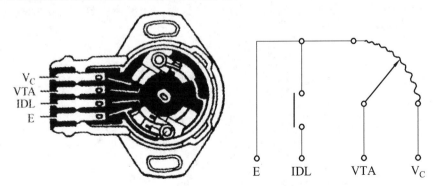

图 4-4　线性可变电阻式节气门位置传感器结构、原理图

节气门位置传感器是一个四线传感器。其中一线从电控单元的传感器电源引来的 5V 电压对传感器电阻材料供电，另一线连接电阻材料的另一端，为传感器提供接地。第三根线连至传感器的可动触点，提供信号输出至电控单元，电阻材料上每点的电压，由可动触点探测，并与节气门角度成正比。第四根线连至传感器的可动触点开关，它由一个常开触点构成，节气门处在怠速位置时，它处于断开状态，将怠速高电位信号输送给发动机电控单元，发动机电控单元接到这个信号后，即可使发动机进入怠速控制状态。

节气门位置传感器是一个重要的传感器，它利用触点在电阻体上的滑动来改变电阻值，测得节气门开度的线性输出电压，可知节气门开度。全关时电压信号应约为 0.5 V，随节气门开度增大，信号电压增强，全开时约为 5 V。另一方面是怠速信号，节气门处于怠速时，输出高电位 5 V 信号，非怠速时输出低电位，如图 4-5 所示。电控单元可用这两个信号来计算发动机负荷、点火时间、排气再循环控制、怠速控制和像变速器换挡点那样的其他参数。

节气门位置传感器失效后，发动机电控装置会自动改用怠速触点信号，按节气门开度的50% 进行控制。

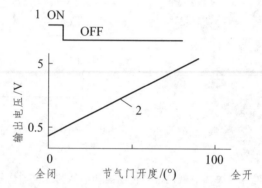

图 4-5　节气门位置信号电压与节气门开度关系图

3. 电子节气门系统

传统节气门开度完全取决于驾驶员的操作意图，电子节气门开度是电控单元根据当前行驶状况下整车对发动机的全部扭矩需求，计算出节气门的最佳开度，从而控制电机驱动节气门到达相应的开度。因此，节气门的实际开度并不完全与驾驶员的操作意图一致。

电子节气门系统主要由加速踏板模块、节气门控制模块、节气门故障灯（EPC）、离合器踏板开关、制动踏板开关和制动灯开关等组成。节气门控制模块的节气门体如图 4-6 所示。

图 4-6　电子节气门系统节气门体外形结构图

（1）加速踏板模块。

加速踏板模块通常称为油门踏板位置传感器，主要由两组滑动变阻器组成，如图 4-7 所示，它将踏板位置信号和变化速率信号转变成电压信号传送给电控单元。

采用两组滑动变阻器主要是监测并确保信号的正确性。当一个传感器损坏，系统监测到还有一个节气门信号时，进入急速运转，关闭舒适系统，点亮 EPC 灯，存储故障码；如果传感器同时出现故障，发动机转速将控制在 1 500 ~ 4 000 r/min，踩油门无反应，车速最高只能达到 50 km/h，如果踩下制动踏板，转速会降到急速，EPC 灯亮，存储故障码。

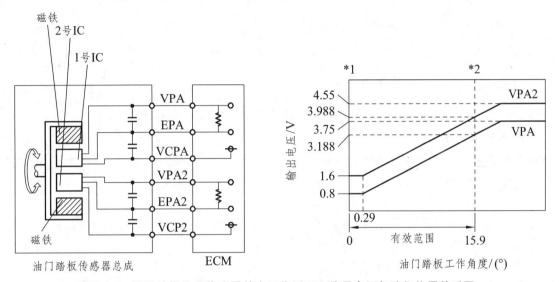

图 4-7　油门踏板位置传感器基本工作原理、信号电压与油门位置关系图

*1—完全松开油门踏板；*2—完全踩下油门踏板

（2）节气门控制模块。

节气门控制模块主要由节气门位置传感器和节气门定位电机等组成。

节气门位置传感器反映节气门开度大小和变化速率。为确保控制精度和备用，采用两组信号，通常也由两组滑动变阻器构成，如图 4-8 所示。节气门位置传感器给电控单元提供信息后，电控单元依据此信号可进行如下控制：

A. 微量调节喷油量，急加速时增加一次喷油。

B. 和车速传感器一起控制自动变速器换挡点。

C. 和制动开关一起控制自动变速器在 P 挡位置锁止，只有节气门位置传感器在急速状态时变速杆才能离开 P 位置。

节气门定位电机是根据发动机 ECU 发出的指令控制节气门开度，一般采用直流电机，经过两级减速来调节节气门开度。ECU 通过调节脉冲调制信号的占空比来控制定位电机转角的大小，方向由与节气门相连的复位弹簧控制。当占空比一定，节气门定位电机输出转矩与复位弹簧阻力矩保持平衡时，节气门开度不变；当占空比大时，节气门定位电机驱动力矩克服复位弹簧阻力矩，使节气门开度增大，反之则减小。当节气门定位电机上无电压时，进入紧急运行模式，由弹簧将节气门打开一定角度，系统运行于高急速，踩油门无反应，EPC 灯点亮，舒适系统功能被关闭，存储故障码。

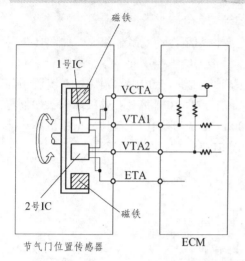
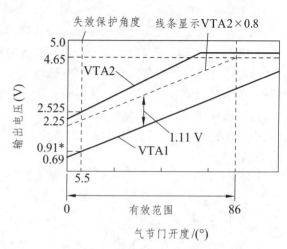

图4-8　节气门位置传感器基本工作原理、信号电压与油门位置关系图

（3）节气门故障灯。

节气门故障灯布置在仪表板上，主要指示电子节气门系统故障信息。当系统进行自检时EPC灯会亮起，自检通过后会熄灭；当电子节气门系统存在故障时会一直亮起，

（4）离合器踏板开关。

离合器踏板开关信号反映离合器踏板位置。踩下踏板，负载变化功能关闭，系统不对其进行监控，无故障存储，也无替代值。

（5）制动踏板开关和制动灯开关。

这两个开关信号，反映制动踏板位置。ECU收到制动踏板踩下信号后，关闭巡航；如加速踏板传感器损坏，制动信号作为怠速运行控制的依据。

引导问题3：节气门位置传感器是如何工作的？它们出现故障后应如何处理？

1. 节气门位置传感器工作过程

节气门转动的同时会带动节气门位置传感器的元件转动。节气门位置传感器是节气门体上用来检测节气门开度的装置，将节气门开度转换成电信号通过导线传给电控单元ECU，电控单元依据此信号来确定发动机负荷，从而控制最佳的喷油量和点火提前角等。通常情况下，节气门开度增大，传给电控单元的信号也呈线性增大；反之，节气门开度减小，传给电控单元的信号也呈线性减小。

2. 节气门位置传感器失效保护

节气门位置传感器有两个信号（主和副）。如果任何一个传感器电路发生故障，ECU将检测到两个传感器电路之间的异常信号电压，并切换到应急模式。在应急模式下，使用有效电路控制节气门开度在10%~20%，从而使车辆得以继续行驶。

3. 油门踏板位置传感器失效保护

油门踏板位置传感器有两个信号（主和副）。如果任何一个传感器电路发生故障，ECU将检测到两个传感器电路之间的异常信号电压，并切换到应急模式。在应急模式下，使用有效电路计算油门踏板开度，从而使车辆得以继续行驶。如果两个电路都有故障，则 ECU 认为油门踏板处于完全松开状态。在这种情况下，如同发动机处于怠速运转状态，节气门保持关闭。如果检测到通过条件并将点火开关置于 OFF 位置，失效保护操作将停止，系统返回正常状态。

引导问题 4：你认识节气门传感器电路图吗？

丰田 1ZR 节气门位置、油门踏板位置传感器电路图如图 4-9、图 4-10 所示，大众 5V 发动机节气门位置传感器电路如图 4-11 所示，仔细读懂电路图，根据你的理解，回答后面的问题。

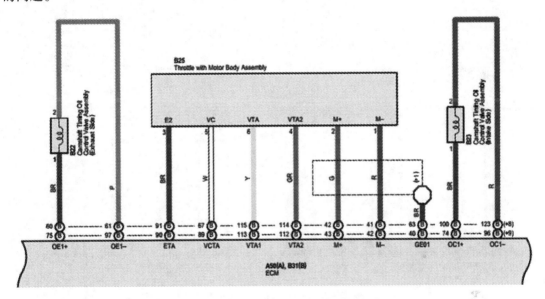

图 4-9　丰田 1ZR 节气门位置传感器电路图

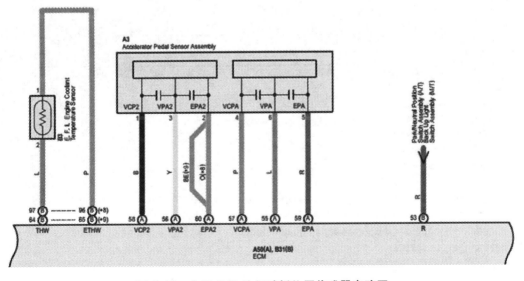

图 4-10　丰田 1ZR 油门踏板位置传感器电路图

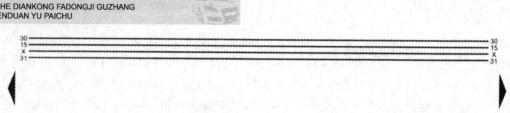

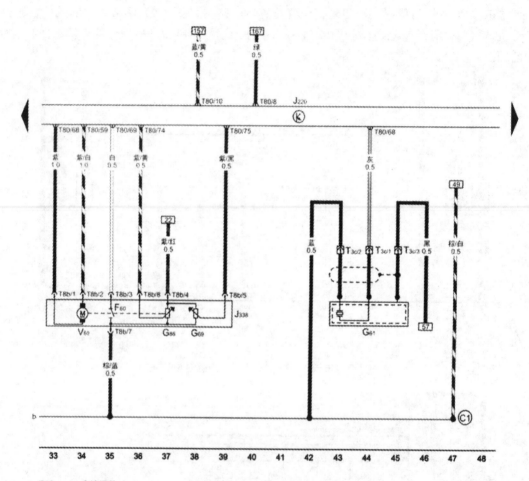

F60 — 怠速开关

G61 — 1、2 缸爆震传感器

G69 — 节气门电位计

G88 — 节气门定位电位计

J220 — Motronic 发动机控制单元

J338 — 节气门控制部件

T3c — 发动机右线束与1、2缸爆震传感器插头连接，3针，在发动机舱中间支架上

T8b — 发动机右线束与节气门控制部件插头连接，8针，在节气门控制部件上

T80 — 发动机线束，发动机右线束与发动机控制单元插头连接，80针，在发动机控制单元上

V60 — 节气门定位器

C1 — 连接线，在发动机右线束内

图 4-11　大众 5V 节气门位置传感器电路图

（1）丰田 1ZR 节气门位置传感器 B25、油门踏板位置传感器 A3 的相同点是：_____
_____、_____、_____。

B31—_____　　A50—_____　　B25—_____　　A3—_____。

（都具有 5V 的电源，都有两组信号，连接器都有 6 个端子，电控单元连接器 B31，电控单元连接器 A50，节气门体连接器代号 B25，油门踏板位置传感器代号 A3）

（2）G69—_____　　G88—_____　　F60—_____　　J338—_____。大众 5V 节气门位置传感器电路的导线分别是：_____、_____、_____、_____。
（节气门电位计，节气门定位电位计，怠速开关，节气门体，5V+，5V-，主信号，副信号）

二、任务实施

引导问题 5：完成本任务，有哪些技术标准与要求？需要使用的工、量具有哪些？

1. 技术标准与要求

（1）发动机的电源电压为_____V，ECM 提供的电源电压为_____V。（　　　）

（2）导线正常导通时电阻检测值应为_____Ω。（　　　）

（3）节气门位置传感器信号电压应为_____V。（　　　）

（A. 9 ~ 14，4.5 ~ 5.0　　B. ＜0.5　　C. 0.2 ~ 4.9）

2. 工具、设备和材料的准备

将工、量具名称及型号填入表 4-1 中。

表 4-1　工、量具名称及型号

序　号	名　　称	型　　号

引导问题 6：怎样检测丰田 1ZR 节气门位置传感器？

1. 就车检查节气门体总成

（1）检查节气门控制电机的工作声音，检查方面主要有：

A. 将点火开关置于 ON 位置。

B. 踩下油门踏板时，检查电机的工作声音。电机工作时应有动作，有轻微的振动感，并带有正常的声响，但不会有摩擦噪音；若有噪音或根本不工作，应更换节气门体。

（2）检查节气门位置传感器，检查方面主要有：

A. 将故障诊断仪（解码器）连接到故障诊断接口 DLC3。

B. 将点火开关置于 ON 位置，变速器置于 N 位置，打开故障诊断仪。

C. 按故障诊断仪的相应菜单选项选择。

D. 节气门全开时，检查节气门开度值，将检测参数填入表 4-2 中，节气门开度值规定范围应≥60%，否则更换节气门体。

表 4-2　使用故障诊断仪检测节气门位置传感器开度值

序号	检测位置	检测条件	节气门开度值	节气门开度标准值
1	VTA1	节气门全关		10%～22%
2	VTA1	节气门全开		64%～96%
		节气门失效		18.2%
结论： VTA2×0.8 = VTA1 + 1.11V				

2. 检测节气门位置传感器电源电压、信号电压

按图 4-9、图 4-12、图 4-13 所示电路图及连接位置图，按下列步骤检测电压：

（1）断开节气门体连接器 B25，使用专用连接线将连接器与节气门体连接起来。

（2）将点火开关置于 ON 位置。

（3）按表 4-3 所列项目及条件检测电压，将检测参数填入表 4-3 中，得出正确的结论。

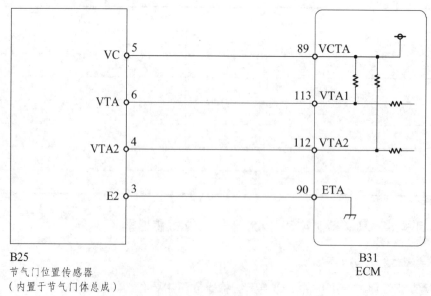

图 4-12　节气门体与 ECM 之间的电路连接图

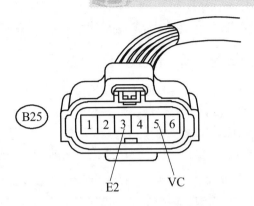

图 4-13　节气门体连接器位置图

表 4-3　检测节气门位置传感器导线电压

序号	检测位置	检测条件	检测值/V	标准值/V
1	$B25_5$（VC）—$B25_3$（E2）	点火开关 OFF		4.5～5.5
2	$B25_6$（VTA1）—$B25_3$（E2）	节气门全关		0.5～1.1
3	$B25_6$（VTA1）—$B25_3$（E2）	节气门全开		3.2～4.8
4	$B25_4$（VTA2）—$B25_3$（E2）	节气门全关		2.1～3.1
5	$B25_4$（VTA2）—$B25_3$（E2）	节气门全开		4.6～5.0
结论：				

3. 检测节气门位置传感器导线电阻

按图 4-9、图 4-12、图 4-13 所示电路图及连接位置图，按下列步骤检测导线：

（1）将点火开关置于 OFF 位置。

（2）断开节气门体连接器 B25，断开电控单元连接器 B31。

（3）按表 4-4 所列项目及条件检测导线，将检测参数填入表 4-4 中，得出正确的结论。

表 4-4　检测节气门位置传感器导线电阻

序号	检测位置	检测值/Ω	标准值
1	$B25_5$（VC）—$B31_{89}$（VCTA）		< 1 Ω
2	$B25_6$（VTA）—$B31_{113}$（VTA1）		< 1 Ω
3	$B25_6$（VTA2）—$B31_{112}$（VTA2）		< 1 Ω
4	$B25_3$（E2））—$B31_{90}$（ETA）		< 1 Ω
5	$B25_5$（VC）—车身搭铁 $B31_{89}$（VCTA）—车身搭铁		< 10 kΩ
6	$B25_6$（VTA）—车身搭铁 $B31_{113}$（VTA1）—车身搭铁		< 10 kΩ
7	$B25_6$（VTA2）—车身搭铁 $B31_{112}$（VTA2）—车身搭铁		< 10 kΩ
结论：			

引导问题 7：怎样检测丰田 1ZR 油门踏板位置传感器？

1. 使用故障诊断仪就车检查油门踏板位置传感器

（1）将故障诊断仪（解码器）连接到故障诊断接口 DLC3。

（2）将点火开关置于 ON 位置，变速器置于 N 位置，打开故障诊断仪。

（3）按故障诊断仪的相应菜单选项选择。

（4）松开、踩下油门踏板时，检查油门踏板位置传感器电压，将检测参数填入表 4-5 中。

表 4-5　使用故障诊断仪检测油门踏板位置传感器电压

序号	检测项目或位置	检测条件	电压值/V	标准值/V
1	VPA	松开踏板		0.5 ~ 1.1
2	VPA2	松开踏板		1.2 ~ 2.0
3	VPA	踩下踏板		2.6 ~ 4.5
4	VPA2	踩下踏板		3.4 ~ 4.9
结论：				

2. 使用万用表检测油门踏板位置传感器电源电压、信号电压

按图 4-10、图 4-14、图 4-15 所示电路图及连接位置图，按下列步骤检测电压：

（1）断开油门踏板位置传感器连接器 A3，使用专用连接线将连接器与油门踏板位置传感器连接起来。

（2）将点火开关置于 ON 位置。

（3）按表 4-6 所列项目及条件检测电压，将检测参数填入表 4-6 中，得出正确的结论。

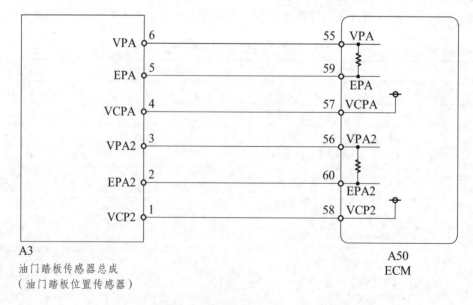

图 4-14　油门踏板位置传感器与 ECM 之间的电路连接图

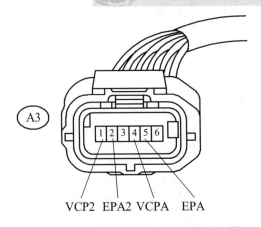

图 4-15　油门踏板位置传感器连接器位置图

表 4-6　使用万用表检测油门踏板位置传感器电压

序号	检测位置	检测条件	电压值/V	标准值/V
1	$A3_4$（VCPA）—$A3_5$（EPA）			4.5～5.0
2	$A3_1$（VCPA2）—$A3_5$（EPA2）			4.5～5.0
3	$A3_6$（VPA）—$A3_5$（EPA）	松开踏板		0.5～1.1
4	$A3_3$（VPA2）—$A3_2$（EPA2）	松开踏板		1.2～2.0
5	$A3_6$（VPA）—$A3_5$（EPA）	踩下踏板		2.6～4.5
6	$A3_3$（VPA2）—$A3_2$（EPA2）	踩下踏板		3.4～4.9
结论：				

3. 检测油门踏板位置传感器导线电阻

按图 4-10、图 4-14、图 4-15、图 4-16 所示内容，按下列步骤检测导线：

（1）将点火开关置于 OFF 位置。

（2）断开油门踏板位置传感器连接器 A3，断开电控单元连接器 A50。

（3）按表 4-7 所列项目及条件检测导线，将检测参数填入表 4-7 中，得出正确的结论。

图 4-16　油门踏板踩下、松开示意图

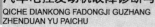

表 4-7　检测油门踏板位置传感器导线电阻

序号	检测位置	检测值/Ω	标准值
1	$A3_1$（VCPA2）—$A50_{58}$（VCPA2）		< 1 Ω
2	$A3_2$（EPA2）—$A50_{60}$（EPA2）		< 1 Ω
3	$A3_3$（VPA2）—$A50_{56}$（VPA2）		< 1 Ω
4	$A3_4$（VCPA）—$A50_{57}$（VCPA）		< 1 Ω
5	$A3_5$（EPA）—$A50_{59}$（EPA）		< 1 Ω
6	$A36_6$（VPA）—$A50_{55}$（VPA）		< 1 Ω
7	$A3_1$（VCPA2）—车身搭铁 $A50_{58}$（VCPA2）—车身搭铁		< 10 kΩ
8	$A3_2$（EPA2）—车身搭铁 $A50_{60}$（EPA2）—车身搭铁		< 10 kΩ
9	$A3_3$（VPA2）—车身搭铁 $A50_{56}$（VPA2）—车身搭铁		< 10 kΩ
10	$A3_4$（VCPA）—车身搭铁 $A50_{57}$（VCPA）—车身搭铁		< 10 kΩ
11	$A3_5$（EPA）—车身搭铁 $A50_{59}$（EPA）—车身搭铁		< 10 kΩ
12	$A36_6$（VPA）—车身搭铁 $A50_{55}$（VPA）—车身搭铁		< 10 kΩ
结论：			

引导问题 8：如何清洗电控发动机节气门体？

　　汽车经过一定时间运行节气门体变脏后，会导致在怠速时，或者使进气堵塞，在相同的开度下使进气量会减少，从而不足以维持发动机的额定转速；或者因为脏污使节气门轴发卡，使节气门不能关闭到原来位置，增大了进气量，怠速过高。这时就需要对节气门进行清洗，使进气顺畅或减小怠速时节气门的开度，但汽车电脑 ECU 的记忆值并没有清除，从而导致其和各执行元件或传感器实际输入电脑的信号值产生偏差，出现发动机运行不稳定的现象。节气门体在变脏后主要的污物是积炭，此积炭是空气中的灰尘颗粒。积炭过多就需要进行清洗，清洗时要使用化油器清洗剂或者酒精等清洗液，有的还要拆下步进电机进行清洗，洗好后装回，还要使用专用仪器与电控单元进行匹配。

1. 拆卸节气门体

拆卸节气门体，首先将节气门体周围的其他附件拆卸掉，主要包括管卡、连接器、进气软管等，如图 4-17 所示。松开节气门体的连接螺栓，拆下节气门体，如图 4-18 所示。

图 4-17 拆卸管卡及软管   图 4-18 拆卸节气门体

2. 清洗节气门体

使用化油器清洗剂清洗节气门体内部的积炭，如图 4-19 所示。清洗完成后将节气门轴加油润滑，把多余的油清洁干净。然后按拆卸相反的顺序装复节气门体。

图 4-19 清洗节气门体

3. 匹配节气门体

在清洗节气门体后，怠速节气门电位计的特性虽然没有改变，但在相同的节气门开度下，进气量已发生了变化，怠速控制特性已发生变化，需进行节气门匹配。需要用汽车解码器对汽车的执行元件或传感器进行"基本调整"，使汽车电控单元 ECU 的记忆值与各执行元件的初始状态进行匹配学习，让 ECU 了解节气门的位置参数，这样才会在以后的运行过程中自动地调节它与节气门的动作。如果更换或装拆了某些零部件之后，不进行节气门匹配，就会出现 ECU 与怠速控制元件的工作出现不协调，表现就是怠速控制不精确、不稳定，如怠速忽高忽低，怠速不稳。

使用 5053 对大众车型进行基本设定，如图 4-20 所示。使用元征 X-431 对大众车型进行节气门匹配，节气门调整匹配只适合于配有电子节气门发动机系统的大众车系。节气门体匹配时，应保证：

（1）电脑没有故障码。

（2）电池电压不低于 11.05 V。

（3）关闭所有的附件，如收音机、音响、空调、座椅加热等。

（4）节气门开关处于怠速位置。

（5）一般做怠速调整时不要启动发动机，但老款车型则需要在启动发动机的情况下才可以。

（6）必须在"系统基本调整"菜单下，不是在"通道调整匹配"菜单下。

（7）通道号为 098、060 或 001。

图 4-20　专用仪器进行基本设定

基本设定方法及步骤：

（1）打开点火开关，但不起动发动机。

（2）连接好 X-431 解码器，选择大众诊断软件。

（3）进入"发动机系统"，选择"系统基本调整"功能并输入调整组号：098、060 或 001。

001：小红旗 488、帕萨特 B4、奥迪（100，200，V6 等老款）。

098：桑塔纳 GSI、帕萨特 B5（1.8）、捷达王（5 阀）、奥迪（A6，V6）。

060：捷达前卫（2 阀）、A6（1.8，1.8T，2.4，2.8）、帕萨特 B5（1.8T，2.8）、BORA、POLO。

（4）按"确定"键进入设定过程，节气门控制器经过 MIN 到 MAX 点及中间 5 个位置。控制单元将相应的节气门角度存入存储器，此过程大约需要 10 s，随后节气门短时间在起动位置，然后关闭。

（5）当屏幕最后一行显示"自适应完成"字样时基本设定完成，按"退出"键完成设定，关闭点火钥匙，再打开，启动发动机，验证匹配效果。

（6）若中途出现错误会造成基本设定中断，中断后故障存储器内存储故障代码"17967"或"17973"，下次打开点火开关后自动重新进行基本设定。

三、评价与反馈

1. 任务实施考核成绩评定（见表 4-8）

表 4-8　节气门位置传感器检测考核表

考核项目及分值	考核内容	评分标准	评分记录
准备 10 分	1．清点设备仪器、清理工位 2．检查电源断开情况	1．未清洁设备仪器、试验台扣 3 分 2．未检查电源设备扣 5 分	
节气门位置传感器清洗试验 40 分	1．正确使用仪器及工量具 2．拆装顺序正确 3．清洗方法正确 4．匹配方法正确	1．不能正确使用扣 1～10 分 2．拆装顺序不正确扣 1～10 分 3．清洗方法不正确扣 1～10 分 4．匹配方法不正确扣 1～10 分	
线性电阻式节气门位置传感器检测 40 分	1．专用诊断仪连接正确 2．正确使用仪器 3．检测顺序正确 4．检测方法正确	1．不能正确连接扣 1～10 分 2．操作错误扣 1～10 分 3．不能分情况分步骤检测扣 1～10 分 4．检测方法不正确扣 1～10 分	
收尾工作 10 分	1．清洁工具、量具、工作台 2．工、量具应摆放整齐	1．未清洁扣 1～3 分 2．未摆放整齐扣 1 分	
考核时限	完成全部考核内容规定用时为 15 min	1．超时 1 min 扣 5 分 2．超时 5 min 即停止记分	

注：造成人身、设备重大事故，或恶意顶撞考官、严重扰乱考场秩序，立即终止考试，此题计 0 分。

2. 任务过程评价与反馈（见表 4-9 和表 4-10）

表 4-9　任务过程评价表（教师填写）

考核项目	评分标准	分数	成绩	过程评价
劳动纪律	有无迟到、早退和旷课	5		
团队合作	是否和谐	5		
活动参与	是否精彩	5		
安全生产	有无安全隐患	10		
操作过程	是否正确、熟练	30		
任务质量	是否圆满完成	10		
工具、设备使用	是否规范、标准	10		
工作页填写	是否完整、规范	15		
现场 5S	是否做到	10		
总　　分		100		

注：没有按照操作流程操作，出现人身伤害或设备严重事故，本任务考核结果为 0 分。

表 4-10　任务过程反馈表（学生填写）

反馈内容	回答
你是否完成本次的任务，并得到老师的确认？	
你是否能准确有效地收集、分析和组织完成资料，正确地交流信息？	
你是否已经掌握预期的知识和必备的技能？	
你是否充分使用学习资源和按计划有组织的完成目标任务？	
操作完成水平： 上述表格中的项目应为肯定回答。若不是，应咨询老师。你可以请求附加相关活动，以便完成相关的操作技能。 教师签字：_____ 学生签字：_____ 完成日期：_____	

学习任务五　燃油供给系统检修

任务描述：

李先生 2006 年的桑塔纳轿车在行驶到 18 000 km 左右时，发现排气管冒黑烟，将车开到上海大众 4S 店，服务顾问初步诊断为燃油供给系统故障后，开出了检修发动机燃油供给系统的工单，机电组专业人员排除了故障。

学习目标：

通过本学习任务的学习，应当能：
（1）描述燃油供给系统的组成。
（2）叙述燃油泵的作用和工作过程。
（3）叙述喷油器的作用及工作过程。
（4）叙述氧传感器的作用和工作过程。
（5）正确使用万用表检测主要部件及电路。
（6）对燃油泵及电路进行检测和试验。
（7）对喷油器及电路进行检测和试验。
（8）对燃油压力进行检测和试验。

建议学时：12 课时

学习内容：

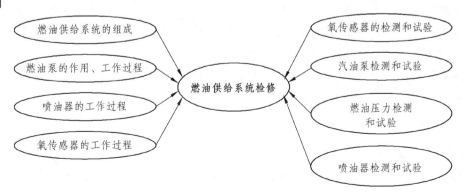

一、任务准备

引导问题 1：汽车电控发动机燃油供给系统由哪些主要部件组成？

燃油供给系统向气缸内供给燃烧所需要的燃油，电控汽油发动机燃油供给系统主要包括燃油箱、燃油泵、燃油滤清器、燃油缓冲器、燃油压力调节器和喷油器等部件，如图 5-1 所示。此外，因为氧传感器在喷油修正方面起着重要作用，所以氧传感器也归在燃油喷射系统。

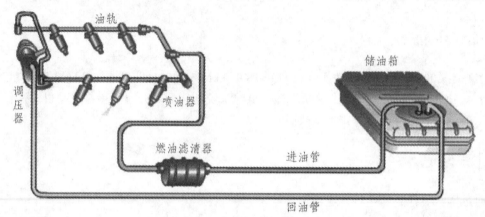

图 5-1　燃油供给系统组成

引导问题 2：汽车电控发动机燃油供给系统主要部件有什么特点？

电控汽油发动机燃油供给系统主要部件都是为了满足系统供油要求，各部件起着重要的作用，具体情况如下：

1. 燃油箱（汽油箱）

汽油箱是汽车贮存燃料的容器，也会起到散热等作用。主要由箱体、汽油箱盖、汽油表、汽油表传感器等组成。汽油箱是用薄钢板冲压件焊接而成，各车型间没有统一规格及外形。汽油箱盖通常设计成卡爪式，并用波状片弹簧所压橡胶垫片将汽油箱口周缘夹住，以保证密封；大部分轿车采用螺旋式汽油箱盖。为保证油箱内气压平衡，在油箱盖上设计了空气阀和蒸气阀，因这两种阀门设计为一体，故又称复合阀门。当箱内汽油减少，压力降到一定压力时，空气阀被大气压力压开，外界空气进入油箱来平衡箱内真空，以保证汽油正常供应；当箱内汽油蒸气压力大于规定值时，蒸气阀被顶开，保持油箱内压力正常。现代轿车多采用燃油蒸发控制装置来控制汽油箱中的空气压力及汽油蒸气。

汽油表传感器是装于燃油箱内与油面浮子联动的滑动变阻器，浮子与滑动变阻器构成一个总成，并与汽油表连接用于指示汽油箱内燃料量。

2. 燃油泵（电动汽油泵）

燃油泵将燃油从燃油箱中泵入燃油管路，并使燃油保持一定的压力，经过滤清器过滤后输送到喷油器。电动燃油泵的结构主要由泵体、永磁电动机和外壳 3 部分所组成。永磁电动机通电即带动泵体旋转，将燃油从进油口吸入，经电动燃油泵内部，再从出油口压出供给燃油滤清器、喷油器等。燃油流经电动燃油泵内部，对永磁电动机的电枢起到冷却作用，又称湿式燃油泵。

电动燃油泵的电动机部分包括固定在外壳上的永久磁铁和产生电磁力矩的电枢以及安装在外壳上的电刷装置。电刷与电枢上的换向器相接触，其引线接到外壳上的接线柱上，将控制电动燃油泵的电压引到电枢绕组上。电动燃油泵的外壳两端卷边铆紧，使各部件组装成一个不可拆卸总成，如图 5-2 所示。

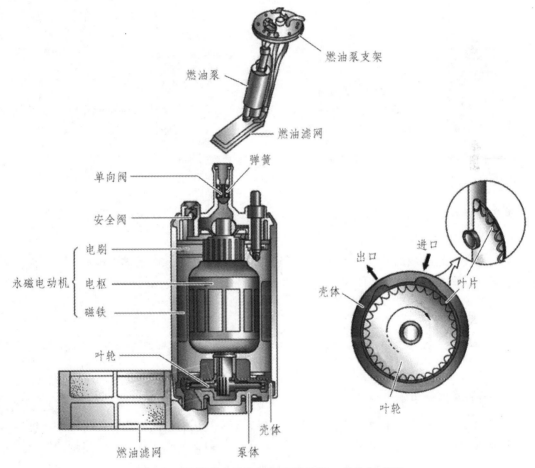

图 5-2　叶片式电动汽油泵安装位置、结构组成图

燃油泵还设有安全阀和单向阀。安全阀可以避免燃油管路阻塞时压力过分升高而造成油管破裂或燃油泵损伤现象发生。单向阀设置目的是为了在燃油泵停止工作时密封油路，防止燃油倒流，使燃油系统保持一定残压，以便发动机下次起动容易。

电动燃油泵按其安装位置分为外置泵和内置泵两种，外置泵即将泵安装在油箱之外的输油管路中；内置泵则是将泵安装在燃油箱内。内置式不易产生气阻和燃油泄漏，且噪音小，现代轿车基本都采用内置泵。还有少数车型在燃油箱内、外各安装一个电动燃油泵，两者串联在油路上。电动燃油泵泵体是电动燃油泵泵油的主体，根据其结构的不同可为分滚柱式和叶片式。

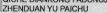

（1）滚柱式电动汽油泵。

由壳体、圆柱形滚柱和转子等组成，如图 5-3 所示。5 个滚柱在转子的槽内可径向滑动，转子与壳体存在一定的偏心。转子在直流电动机的驱动下旋转，在离心力的作用下，滚柱紧压在泵体的内圆表面上，形成 5 个相对独立的密封腔。旋转时，每个密封腔的容积不断发生变化，在进油口时，容积增大，形成一定的真空，将经过过滤的汽油吸入泵内。在出油口处，容积变小，压力升高，汽油穿过直流电动机推开单向阀输出。当输油管路发生堵塞或汽油滤清器堵塞时，汽油压力超过规定值，限压阀打开，汽油流回进油侧。

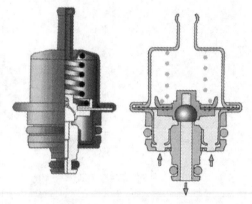

图 5-3　滚柱式电动汽油泵结构示意图　　　图 5-4　油压调节器结构和原理图

（2）叶片式汽油泵。

叶片泵是转子槽内的叶片与泵壳（定子环）相接触，将吸入的液体由进油侧压向排油侧的泵。其组成和结构如图 5-2 所示。

3. 燃油缓冲器

燃油缓冲器也称脉动阻尼器，其作用是使燃油泵泵出的油压变得平稳，减少油压波动和降低噪音。

4. 燃油压力调节器

油路中安装有压力调节器，它使燃油压力相对于大气压力或进气管负压保持一定值，即保持喷油压力与喷油环境压力的差值一定。此压力差一般在 250 ~ 300 kPa，当供油压力超过规定值时，压力调节器内的减压阀打开，汽油便经过回油管流回油箱，使输油管油压保持恒定。压力调节器如图 5-4 所示。

5. 燃油滤清器

装于燃油缓冲器与喷油器之间的油路中，其作用是过滤燃油中的水分和杂质等污物，以防堵塞喷油器针阀。

6. 喷油器

喷油器安装在节气门体空气入口处（单点 SPI 系统）或进气歧管靠近各缸进气门附近（多点 MPI 系统），如图 5-5 所示。喷油器受电控单元的控制，其喷油量由喷油器通电时间的长短决定，从而将适量的燃油成雾状喷入进气歧管。电控单元控制喷油量时，空气量确定基本喷油量，冷却液温度等信号作为修正喷油量的重要因素。喷油器主要由电磁阀等组成，其外形和结构如图5-6所示。

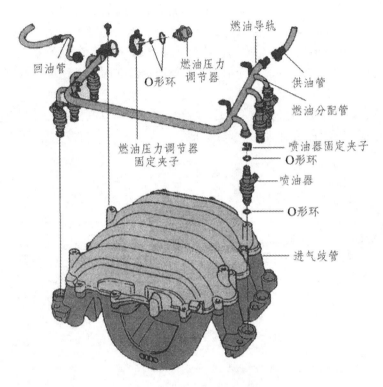

图 5-5　喷油器安装位置图

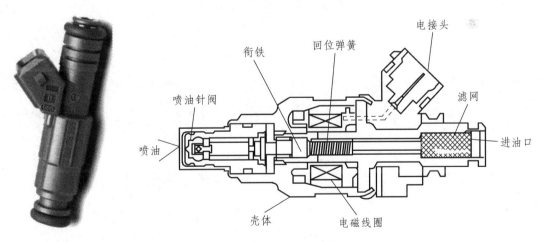

图 5-6　喷油器外形、结构图

7．氧传感器

氧传感器检测发动机燃烧后的排气中的氧含量，并把氧含量转换成电压信号传递到发动机电控单元，使发动机能够实现以过量空气系数为目标的闭环控制；确保三元催化转换装置对排气中的碳氢化合物（HC）、一氧化碳（CO）和氮氧化合物（NO_x）3 种污染物都有最大的转化效率，最大程度地进行排放污染物的转化和净化。

氧化锆式氧传感器内主要有氧化锆，其外形和结构如图 5-7 所示。电控燃油喷射汽车为获得高排气净化率，在排气歧管与消声器之间通常装有三元催化转换装置，在三元催化转换装置前、后分别装有氧传感器。氧传感器具有在理论空燃比（14.7：1）附近输出突变电压的特性，如图 5-8 所示。这种特性被用来检测排气中氧气的浓度并反馈给电脑，以控制空燃比。当实际空燃比变高时，排气中氧含量增加，此时氧传感器把稀混合气状态（0.1 V）通知电控单元，电控单元将在原基础上增大喷油量；当实际空燃比低于理论空燃比时，排气中氧含量降低，此时氧传感器把浓混合气状态（0.9 V）通知电控单元，电控单元将在原基础上减少喷油量，以此来保证实际空燃比在理论空燃比附近。

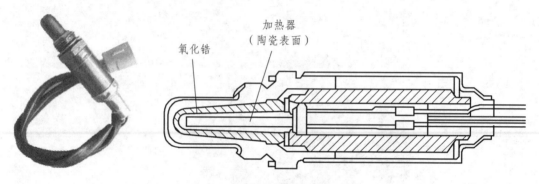

图 5-7　氧传感器外形、结构图

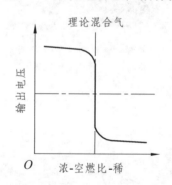

图 5-8　理论空燃比附近电压突变特性

引导问题 3：你能识读电动汽油泵、喷油器控制电路吗？

大众 5V、丰田 1ZR 发动机电动汽油泵、喷油器控制电路如图 5-9、图 5-10、图 5-11、图 5-12 所示，仔细读懂电路图，根据你的理解，回答后面的问题。

61	———————————	棕	30——
N31——————————	0.5	
	J220————————	T80/65———

（本线连接至编号 61 所示位置、本导线颜色为棕色 0.5mm^2、电源正极线或端子、2 缸喷油器代号、电控单元代号、电控单元插接器 80 针脚中的第 65 针脚）

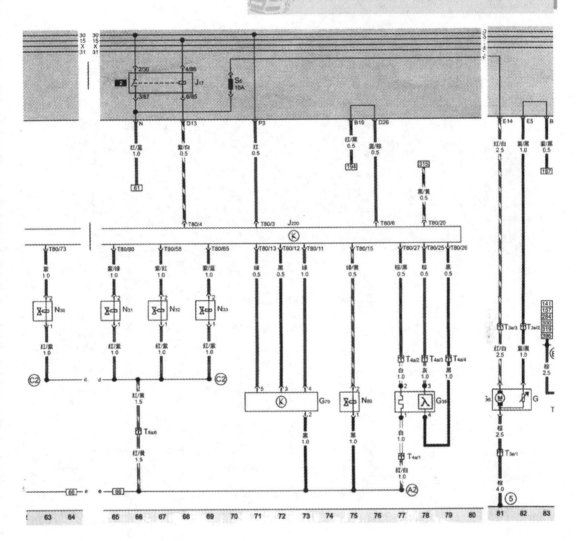

G39 — 氧传感器
G70 — 空气质量计
J17 — 燃油泵继电器
J220 — Motronic 发动机控制单元
N31 — 第 2 缸喷嘴
N32 — 第 3 缸喷嘴
N33 — 第 4 缸喷嘴
N80 — 活性炭罐电磁阀
S5 — 燃油泵保险丝，10 A
T4a — 发动机线束与氧传感器插头连接、4 针，在发动机舱中间支架上
T8a — 发动机线束与发动机右线束插头连接，8 针，在发动机舱中间支架上
T80 — 发动机线束、发动机右线束与发动机控制单元插头连接，80 针，在发动机控制单元上

Ⓐ2 — 正极连接线、在发动机线束内
Ⓒ2 — 正极连接线、在发动机右线束内

图 5-9　发动机电动汽油泵、喷油器、氧传感器电路图

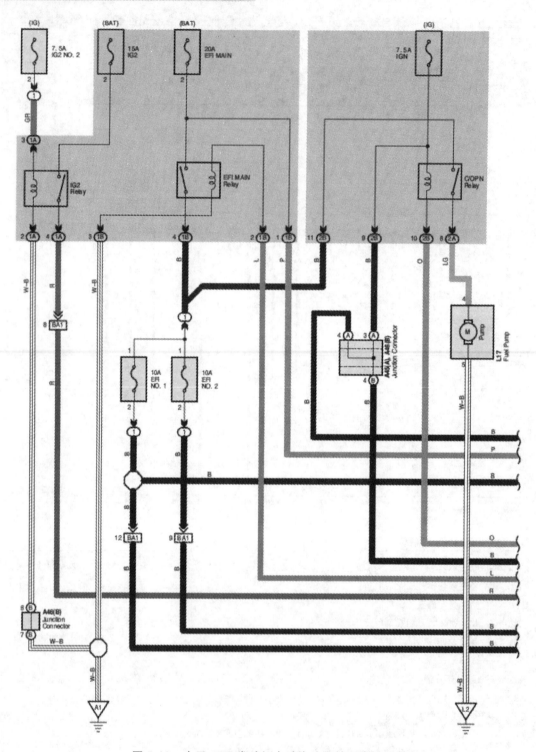

图 5-10　丰田 1ZR 发动机电动汽油泵控制电路图

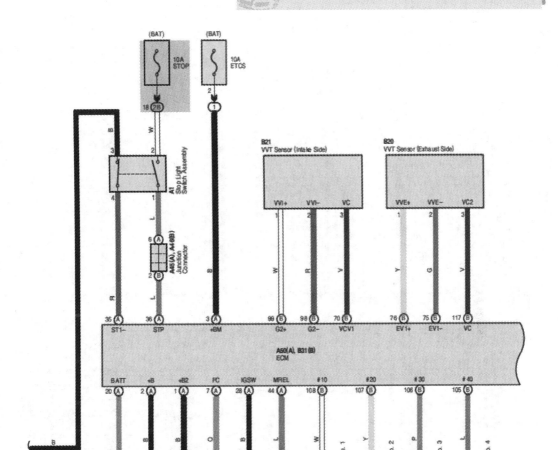

图 5-11　丰田 1ZR 发动机喷油器控制电路图

L17—＿＿＿＿＿＿＿＿＿＿　　P—＿＿＿＿＿＿＿＿＿＿　　A50—＿＿＿＿＿＿＿＿＿＿

N31—＿＿＿＿＿＿＿＿＿＿　　ECM—＿＿＿＿＿＿＿＿＿＿　　105—＿＿＿＿＿＿＿＿＿＿

B15—＿＿＿＿＿＿＿＿＿＿　　OX1B—＿＿＿＿＿＿＿＿＿＿　　B13—＿＿＿＿＿＿＿＿＿＿

（电动汽油泵、本导线颜色为粉红色、电控单元主插接器、2 缸喷油器代号、电控单元、电控单元插接器第 105 针脚、前氧传感器代号、后氧传感器信号端子、转速传感器代号）

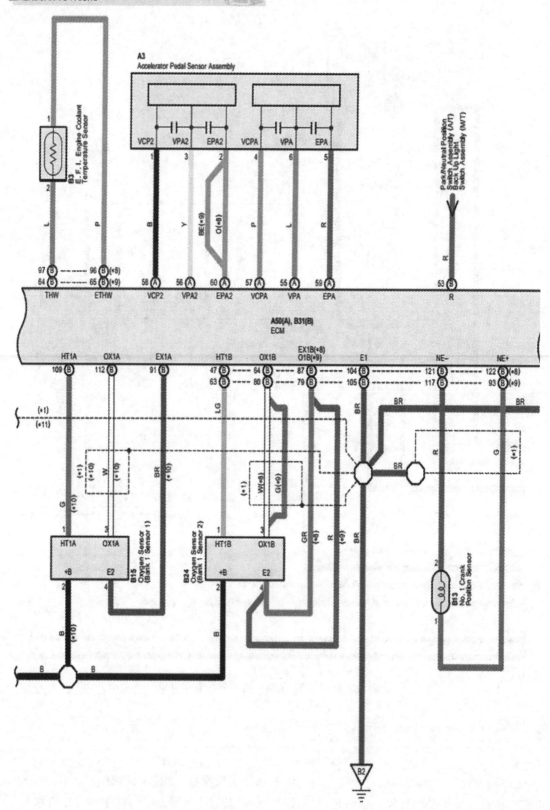

图 5-12　丰田 1ZR 发动机氧传感器电路图

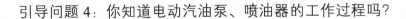

引导问题4：你知道电动汽油泵、喷油器的工作过程吗？

1. 电动汽油泵的工作过程

大众5V发动机电动汽油泵的控制线路如图5-9所示。当打开点火开关后或发动机起动后，燃油泵继电器J17的端子4/86便与电源接通，继电器线圈的一端已经供给了电源（＋），而继电器端子2/30是直接连接到电源(＋)，当电控单元将继电器端子6/85与电控单元中（－）连接后继电器工作，便将继电器端子2/30与端子3/87的开关闭合，继电器端子3/87通过导线与电动汽油泵的（＋）极相连，汽油泵的另一接线端子与电源（－）直接相连，汽油泵便在电控单元控制下工作。当点火开关关闭时，继电器J17端子4/86首先断电，继电器因没有电源正极不再工作，继电器端子2/30与端子3/87的开关断开，汽油泵因断开了电源正极而停止工作。当电控单元要停止汽油泵工作时，电控单元首先将油泵继电器端子6/85与电控单元中（-）断开，继电器便停止工作，从而让油泵停止工作。

2. 喷油器的工作过程

大众5V发动机喷油器的控制线路如图5-9所示。当打开点火开关或起动发动机后，电控单元控制燃油泵继电器J17工作，为喷油器提供了电源正极，电控单元将喷油器与电控单元中（－）连通，喷油器开始喷油；当喷油器停止喷油时，电控单元需将喷油器负极与电控单元内（－）断开，喷油器便停止工作。

丰田1ZR发动机电动汽油泵、喷油器的控制线路如图5-10、图5-11所示。当打开点火开关或起动发动机后，点火开关和主继电器EFI MAIN为燃油泵继电器C/OPN提供了电源正极，燃油泵继电器C/OPN电磁线圈有了正极，电磁线圈另一端与电控单元ECM的接线端子FC连接，受电控单元控制；当电控单元需要控制燃油泵时，ECM内部将FC端子与搭铁线接通，燃油泵继电器正常工作，同时也为喷油器提供了电源正极；当电控单元需要控制喷油器喷油时，电控单元将喷油器控制线与电控单元中（-）连通，喷油器开始喷油；当喷油器停止喷油时，电控单元需将喷油器负极与电控单元内（-）断开，喷油器便停止工作。

二、任务实施

引导问题5：完成本任务，有哪些技术标准与要求？需要使用的工、量具有哪些？

1. 技术标准与要求

（1）燃油供给系统需要的电压为_____V。（　　　）
（2）喷油器20 ℃时电阻值应在_____Ω。（　　　）
（3）汽油压力应为_____ kPa。（　　　）
　　　（A. 10.5～13.5　　　　B. 13～16　　　　C. 250～350）

2. 工具、设备和材料的准备

将工、量具名称及型号填入表5-1中。

表 5-1　工、量具名称及型号

序　号	名　称	型　号

引导问题 6：怎样检查燃油供给系统主要部件？

1. 汽油泵及线路检查（以丰田 1ZR 发动机为例）

（1）检查汽油泵电阻、电源电压。依照图 5-13 所示，按如下步骤操作：

A. 断开汽油泵连接器 L17。

B. 按如图 5-13 所示位置检查汽油泵电阻，将检测数据记录入表 5-2 中。

C. 将点火开关置于 ON，检测汽油泵连接器电压，将检测数据记录入表 5-2 中。

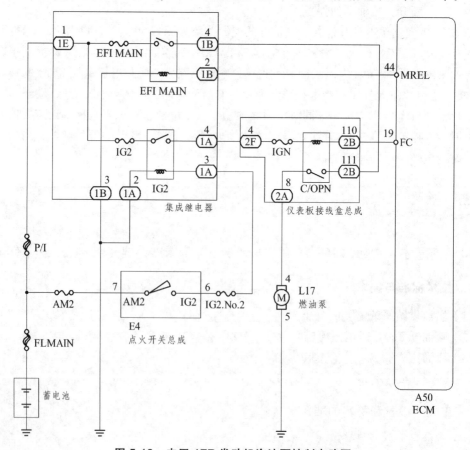

图 5-13　丰田 1ZR 发动机汽油泵控制电路图

表 5-2　汽油泵电阻、电源检测

序号	检测位置	检测条件	电阻测量值	电阻标准值
1	$L17_4$—$L17_5$	电阻检测		$0.5 \sim 3\ \Omega$
2	$L17_4$—$L17_5$	电压检测		$9 \sim 14\ V$
结论：				

（2）汽油泵线路检查：

A. 断开汽油泵连接器 L17、断开 ECM 连接器 A50，取下油泵继电器 C/OPN。

B. 如图 5-13、图 5-14 所示连接器位置，按表 5-3 要求检测，并将测量结果填入表 5-3 中。

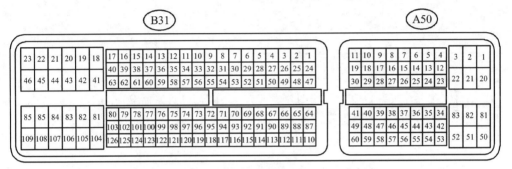

图 5-14　丰田 1ZR 发动机电控单元 ECM 连接器

表 5-3　汽油泵控制电路检测

序号	检测位置	检测条件	电阻测量值	电阻标准值
1	$L17_4$—C/OPN_4	电阻检测		$< 1\ \Omega$
2	$L17_4$—车身搭铁 C/OPN_4—车身搭铁	电阻检测		$> 10\ k\Omega$
3	$EFI\ MAIN_4$—C/OPN_2	电阻检测		$< 1\ \Omega$
4	$EFI\ MAIN_4$—车身搭铁 C/OPN_2—车身搭铁	电阻检测		$> 10\ k\Omega$
5	$A50_{19}$—C/OPN_3	电阻检测		$< 1\ \Omega$
6	$A50_{19}$—车身搭铁 C/OPN_3—车身搭铁	电阻检测		$> 10\ k\Omega$
7	$IG2_{19}$—C/OPN_1	电阻检测		$< 1\ \Omega$
8	$IG2_{19}$—车身搭铁 C/OPN_1—车身搭铁	电阻检测		$> 10\ k\Omega$
结论：				

2. 喷油器及线路检查

（1）检查喷油器电阻、电源电压：

A. 断开喷油器连接器 N30、N31、N32、N33。

B. 按图 5-15 所示位置检查喷油器电阻，将检测数据记录入表 5-4 中。

C. 将点火开关置于 ON 或启动，检测喷油器连接器电压，将检测数据记录入表 5-4 中。

表 5-4　喷油器电阻、电源检测

序号	检测位置	检测条件	电阻测量值	电阻标准值
1	$B9_1$—$B9_2$	电阻检测		$10 \sim 15\ \Omega$
2	$B10_1$—$B10_2$	电阻检测		$10 \sim 15\ \Omega$
3	$B11_1$—$B11_2$	电阻检测		$10 \sim 15\ \Omega$
4	$B12_1$—$B12_2$	电阻检测		$10 \sim 15\ \Omega$
5	$B9_1$—E（-）	电压检测		$9 \sim 14\ V$
6	$B10_1$—E（-）	电压检测		$9 \sim 14\ V$
7	$B11_1$—E（-）	电压检测		$9 \sim 14\ V$
8	$B12_1$—E（-）	电压检测		$9 \sim 14\ V$
结论：				

（2）喷油器线路检查：

A. 断开喷油器连接器 N30、N31、N32、N33，断开 ECM 连接器 B31，取下点火继电器 IG2。

B. 按图 5-15 所示连接器位置，按表 5-5 要求检测，并将测量结果填入表 5-5 中。

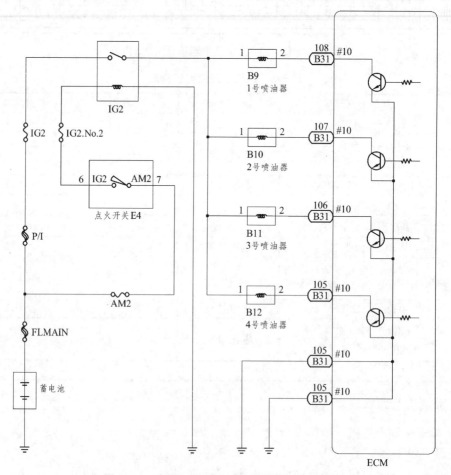

图 5-15　丰田 1ZR 发动机喷油器控制电路图

表 5-5　喷油器线路检查

序号	检测位置	检测条件	电阻测量值	电阻标准值
1	$B9_2$—$B31_{108}$	电阻检测		$< 1\ \Omega$
2	$B9_1$—$IG2_4$	电阻检测		$< 1\ \Omega$
3	$B9_1$—车身搭铁 $B9_2$—车身搭铁	电阻检测		$> 10\ k\Omega$
4	$B10_2$—$B31_{107}$	电阻检测		$10 \sim 15\ \Omega$
5	$B10_1$—$IG2_4$	电阻检测		$10 \sim 15\ \Omega$
6	$B10_1$—车身搭铁 $B10_2$—车身搭铁	电阻检测		$> 10\ k\Omega$
7	$B11_2$—$B31_{106}$	电压检测		$9 \sim 14\ V$
8	$B11_1$—$IG2_4$	电压检测		$9 \sim 14\ V$
9	$B11_1$—车身搭铁 $B11_2$—车身搭铁	电阻检测		$> 10\ k\Omega$
10	$B12_2$—$B31_{105}$	电压检测		$9 \sim 14\ V$
11	$B12_1$—$IG2_4$	电压检测		$9 \sim 14\ V$
12	$B12_1$—车身搭铁 $B12_2$—车身搭铁	电阻检测		$> 10\ k\Omega$

结论：

3. 氧传感器及线路检查

（1）氧传感器及线路检查程序可按以下步骤操作：

A. 将专用解码器连接到故障诊断接口上。

B. 将点火开关置于 ON 位置。

C. 发动机保持 2 500 r/min 的转速运行约 90 s 以进行热车。

D. 按规定程序进行正确的解码器菜单选择。

E. 发动机怠速运转时，读取氧传感器数据或执行主动测试：

+ 25% 浓输出：高于 0.5 V；

− 12% 稀输出：低于 0.4 V（注：数据有延迟现象）。

（2）检查前、后氧传感器电阻：

A. 断开氧传感器连接器 B15、B24。

B. 依据图 5-17、图 5-18、图 5-19 所示位置，按图 5-16 所示方法检查氧传感器电阻，将检测数据记录入表 5-6 中。

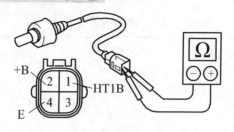

图 5-16 氧传感器电阻检测

表 5-6 前、后氧传感器电阻检测

序号	检测位置	检测条件	电阻测量值	电阻标准值
1	$B15_1$（HT1A）—$B15_2$（+B）	电阻检测		$5 \sim 10\ \Omega$
2	$B15_1$（HT1A）—$B15_4$（E2）	电阻检测		$> 10\ k\Omega$
3	$B24_1$（HT1A）—$B24_2$（+B）	电阻检测		$5 \sim 10\ \Omega$
4	$B24_1$（HT1A）—$B24_4$（E2）	电阻检测		$> 10\ k\Omega$
结论：				

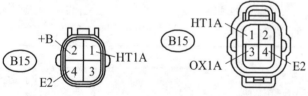
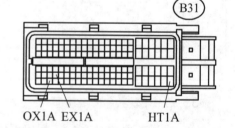

没有线束连接的零部件：
（加热型氧传感器（S1））

线束连接器前视图：
（至加热型氧传感器（S1））

线束连接器前视图：
（至ECM）

图 5-17 前氧传感器和 ECM 连接器连线示意图

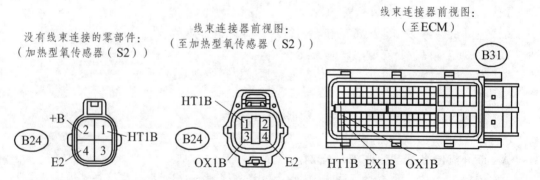

没有线束连接的零部件：
（加热型氧传感器（S2））

线束连接器前视图：
（至加热型氧传感器（S2））

线束连接器前视图：
（至ECM）

图 5-18 后氧传感器和 ECM 连接器连线示意图

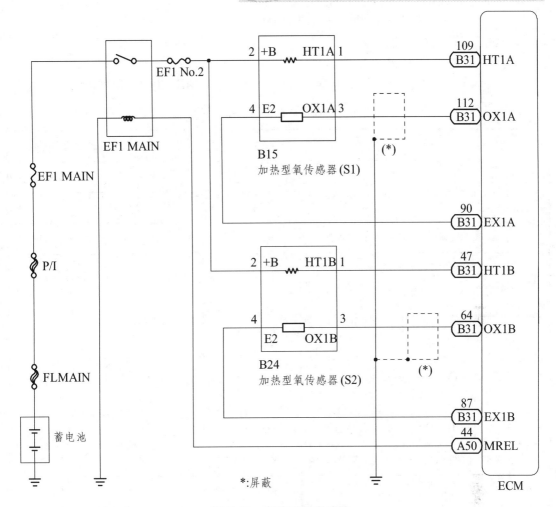

图 5-19　氧传感器电路图

（3）检查前、后氧传感器电压：

A. 断开氧传感器连接器 B15、B24。

B. 将点火开关置于 ON 位置。

C. 依据图 5-17、图 5-18、图 5-19 所示连接器位置检测氧传感器电压，并检测数据记录入表 5-7 中。

表 5-7　前、后氧传感器电压路检测

序号	检测位置	检测条件	电阻测量值	电阻标准值
1	$B15_2$（＋B）—车身搭铁	电压检测		9～14 V
2	$B24_2$（＋B）—车身搭铁	电压检测		9～14 V
结论：				

（4）前、后氧传感器导线通断路、短路检查：

A. 断开氧传感器连接器 B15、B24。

B. 断开电控单元 ECM 连接器 B31。

C. 依据图 5-18、图 5-19 所示连接器位置，按表 5-4 要求检测，并将测量结果填入表 5-8 中。

表 5-8　前、后氧传感器线路检测

序号	检测位置	检测条件	电阻测量值	电阻标准值
1	$B15_1$（HT1A）—$B31_{109}$（HT1A）	通断检测		$< 1\ \Omega$
2	$B15_3$（OX1A）—$B31_{112}$（OX1A）	通断检测		$< 1\ \Omega$
3	$B15_4$（E2）—$B31_{90}$（EX1A）	通断检测		$< 1\ \Omega$
4	$B15_1$（HT1A）—车身搭铁 $B31_{109}$（HT1A）—车身搭铁	短路检测		$> 10\ k\Omega$
5	$B15_3$（OX1A）—车身搭铁 $B31_{112}$（OX1A）—车身搭铁	短路检测		$> 10\ k\Omega$
6	$B15_4$（E2）—车身搭铁 $B31_{90}$（EX1A）—车身搭铁	短路检测		$> 10\ k\Omega$
7	$B24_1$（HT1B）—$B31_{47}$（HT1B）	通断检测		$< 1\ \Omega$
8	$B24_3$（OX1B）—$B31_{64}$（OX1B）	通断检测		$< 1\ \Omega$
9	$B24_4$（E2）—$B31_{87}$（EX1B）	通断检测		$< 1\ \Omega$
10	$B24_1$（HT1B）—车身搭铁 $B31_{47}$（HT1B）—车身搭铁	短路检测		$> 10\ k\Omega$
11	$B24_3$（OX1B）—车身搭铁 $B31_{64}$（OX1B）—车身搭铁	短路检测		$> 10\ k\Omega$
12	$B24_4$（E2）—车身搭铁 $B31_{87}$（EX1B）—车身搭铁	短路检测		$> 10\ k\Omega$

结论：

通过检测汽油泵、喷油器、氧传感器及其电路，结论是：_____

三、评价与反馈

1. 任务实施考核成绩评定（见表 5-9）

表 5-9　汽油发动机燃油系统压力检测评分标准

考核项目及分值	扣分标准（每项累计扣分不超过配分）
安全文明生产 20分	（1）不穿工作服扣1分、不穿工作鞋扣1分、不戴工作帽扣1分 （2）不安装车漆表面防护布（罩）扣1分，不安装车内座椅防护套、方向盘套、变速杆套、地板衬垫每项扣0.5分 （3）发动车辆不接尾气排放管，每次扣1分；车辆轮胎落地不放止动垫木，每次扣1分 （4）工量具与零件混放、或摆放凌乱，每次每处扣1分 （5）工量具或零件随意摆放在地上，每次扣1分 （6）油、水洒落在地面或零部件表面或车漆表面未及时清理，每次扣1分 （7）竣工后未清理工量具，每件扣1分 （8）竣工后未清理操作过程中手接触过的车漆表面，每处扣1分 （9）竣工后未清理考核场地，扣2分 （10）不服从考官、出言不逊，每次扣3分
工具仪器准备 5分	（1）工具仪器每少准备1件扣1分 （2）工具仪器选择不当，每次扣2分 （3）未校验仪器每次扣2分
维修手册使用 10分	每查错一个数据或漏查1个数据扣3分，根据工单填写情况对照维修手册标准值评分
卸除燃油系统压力 15分	（1）未卸压此项目计0分 （2）起动发动机超时扣3分 （3）未在发动机急速运转中拔除燃油泵继电器使发动机自行熄火扣3分 （4）燃油系统压力未完全卸除扣5分 （5）完成后未关闭点火开关扣2分，未装上燃油泵继电器扣2分
连接燃油压力表 10分	（1）连接位置不正确扣5分 （2）连接时未用抹布和油盆扣5分
预置燃油压力 10分	（1）未预置压力此项目计零分 （2）预置前未检查燃油系统所有元件和油管接头是否安装良好扣5分 （3）预置方法不正确扣5分
检测燃油压力（系统油压、保持压力） 25分	（1）起动发动机超时扣3分 （2）压力表读数不正确每次扣5分 （3）未在发动机停止运转10 min后测保持压力扣5分 （4）每漏测一项扣2分 （5）结果判断不正确扣5分
维修记录 5分	（1）维修记录字迹潦草扣2分 （2）填写不完整，每项扣1分
合　计	100分

注：造成人身、设备重大事故，或恶意顶撞考官、严重扰乱考场秩序，立即终止考试，此题计0分。

2. 任务过程评价与反馈（见表 5-10 和表 5-11）

表 5-10　任务过程评价表（教师填写）

考核项目	评分标准	分数	成绩	过程评价
劳动纪律	有无迟到、早退和旷课	5		
团队合作	是否和谐	5		
活动参与	是否精彩	5		
安全生产	有无安全隐患	10		
操作过程	是否正确、熟练	30		
任务质量	是否圆满完成	10		
工具、设备使用	是否规范、标准	10		
工作页填写	是否完整、规范	15		
现场 5S	是否做到	10		
总　　分		100		

注：没有按照操作流程操作，出现人身伤害或设备严重事故，本任务考核结果为 0 分。

表 5-11　任务过程反馈表（学生填写）

反馈内容	回答
你是否完成本次的任务，并得到老师的确认？	
你是否能准确有效地收集、分析和组织完成资料，正确地交流信息？	
你是否已经掌握预期的知识和必备的技能？	
你是否充分使用学习资源和按计划有组织的完成目标任务？	
操作完成水平： 上述表格中的项目应为肯定回答。若不是，应咨询老师。你可以请求附加相关活动，以便完成相关的操作技能。 教师签字：_____ 学生签字：_____ 完成日期：_____	

学习任务六 点火系统检修

任务描述：

李先生 2006 年的桑塔纳轿车在行驶到 65 000 km 左右时，发现仪表上的发动机故障灯开始亮起，总感觉发动机有"断火"现象，将车开到上海大众 4S 店，服务顾问初步诊断为点火系统故障后，开出了检修点火给系统的工单，机电组专业人员排除了故障。

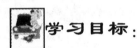**学习目标**：

通过本学习任务的学习，应当能：
（1）描述电控点火系统的组成。
（2）描述电控点火系统主要部件的作用及工作过程。
（3）理清电控点火系统主要线路走向。
（4）知道主要传感器作用、工作原理。
（5）正确检测点火系统主要部件。
（6）规范检测和更换火花塞。

建议学时：10 课时

学习内容：

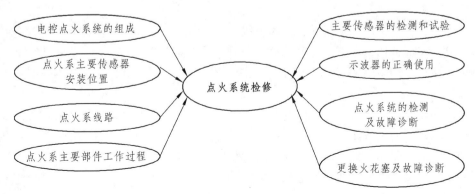

一、任务准备

引导问题 1：汽车电控发动机点火系统由哪些主要部件组成？主要部件有什么作用？

现代汽车的高速汽油发动机很多都采用由微处理机控制的点火系统，也称电控点火系统（ESA）。系统工作时，电控单元 ECU 根据接收到的传感器信号，按存储器中的相关程序和数据，确定出最佳点火提前角和通电时间，并以此向点火模块发出指令。点火模块根据指令，控制点火线圈初级电路的导通和截止。当电路导通时，有电流从点火线圈中的初级电路通过，点火线圈将点火能量以磁场的形式储存起来。当初级电路被切断时，次级线圈中产生很高的感应电动势，经分电器或直接送至工作气缸的火花塞。

电控汽油发动机点火系统主要由电源、传感器、电控单元、点火模块、点火线圈、分电器和火花塞等部件组成，如图 6-1 所示。请将图中各数字代号代表的部件填入空白处中。

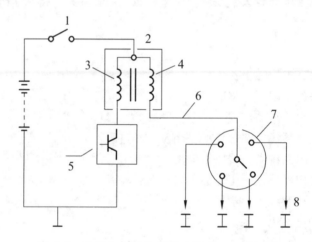

图 6-1　电控点火系统的基本组成、工作原理

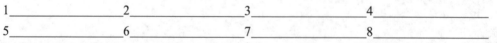

1＿＿＿＿＿＿＿　2＿＿＿＿＿＿＿　3＿＿＿＿＿＿＿　4＿＿＿＿＿＿＿
5＿＿＿＿＿＿＿　6＿＿＿＿＿＿＿　7＿＿＿＿＿＿＿　8＿＿＿＿＿＿＿

（点火开关、点火线圈、初级线圈、次级线圈、点火控制器、高压线分边器、火花塞）

1. 点火线圈

通常的点火线圈里面有两组线圈：初级线圈和次级线圈。初级线圈用较粗的漆包线，通常用直径 0.5～1 mm 的漆包线绕 200～500 匝；次级线圈用较细的漆包线，通常用直径 0.1 mm 左右的漆包线绕 15 000～25 000 匝。初级线圈一端与车上低压电源（＋）连接，另一端与开关装置连接。

点火线圈之所以能将车上低压电变成高压电，是由于其有与普通变压器相同的结构，初级线圈比次级线圈的匝数比大。点火线圈是以脉冲形式工作的，可以看成是脉冲变压器。它根据发动机不同的转速以不同的频率反复进行储能及放能。

当初级线圈接通电源时，随着电流的增大，四周产生一个很强的磁场，铁心储存了磁场

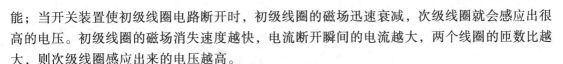

能；当开关装置使初级线圈电路断开时，初级线圈的磁场迅速衰减，次级线圈就会感应出很高的电压。初级线圈的磁场消失速度越快，电流断开瞬间的电流越大，两个线圈的匝数比越大，则次级线圈感应出来的电压越高。

点火线圈依照磁路分为开磁式及闭磁式两种。闭磁式点火线圈的优点是漏磁少，能量损失小，体积小，因此电控点火系统普遍采用闭磁式点火线圈，点火线圈外形如图 6-2 所示。

图 6-2　点火线圈外形图

2. 点火模块

点火模块又称点火控制器，它接受电控单元的指令，控制点火线圈初级电路的接通和断开，也是点火系统中点火线圈的开关装置。点火模块具有体积小，质量轻，点火强，反应灵敏等特点。点火模块通常和点火线圈做成一体，如图 6-3 所示。

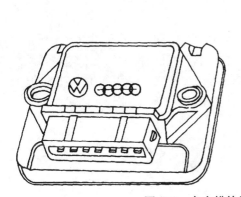

图 6-3　点火模块及点火线圈的点火模块

3. 爆燃传感器

爆燃传感器（KNK）又称爆震传感器，是电控点火系统专用的一个很重要的传感器，而"爆震"可以理解为发动机抖动。爆燃传感器安装在缸体上，用来检测汽车发动机是否爆燃及爆燃的程度，并将其转变成电信号提供给 ECU，ECU 根据此信号调整或修正点火提前角。当发动机出现爆燃时，爆燃传感器便产生相应的电信号，并输送给电控单元，使电控单元通过点火推迟的方法消除发动机爆燃，实现点火闭环控制，达到控制最佳点火提前角的目的。

图 6-4 爆燃传感器外形图

压电式爆燃传感器主要元器件是一个压电陶瓷晶体，螺钉使一个惯性配重块压紧压电陶瓷晶体片。发生爆燃时，爆燃压力波通过惯性配重块使压电陶瓷晶体片压缩变形，产生比非爆燃时大得多的电压信号。为了避免因干扰引起的误判，根据点火时刻设定了一个判定区间。

4. 转速传感器

转速传感器是发动机电控系统最重要的传感器之一，也称为曲轴位置传感器。它的作用是检测发动机转速，检测活塞上止点位置，确定曲轴的位置，也就是曲轴的转角。它通常要配合凸轮轴位置传感器一起来工作，确定基本点火时刻，控制喷油时刻和顺序。发动机是在压缩行程末开始点火的，发动机电控单元是通过曲轴位置传感器和凸轮轴位置传感器的信号来计算的。通过曲轴位置传感器，可以知道哪个缸活塞处于上止点，通过凸轮轴位置传感器，可以知道哪个缸活塞是在压缩冲程中。这样，电控单元就知道该在什么时刻给哪个缸点火。

转速传感器通常安装在发动机缸体上，有的也安装在分电器内。转速传感器主要有 3 种类型：磁电感应式、霍尔效应式和光电效应式。磁电感应式和霍尔效应式较常用。

（1）磁电感应式。

磁电感应式转速传感器由永磁体构成的检测线圈和转子组成，外形如图 6-5 所示。转子随分电器轴或曲轴一起旋转，转子齿随车型不同而不同，检测线圈固定在分电器体上。若已知转速传感器信号和曲轴位置传感器信号，以及各缸的工作顺序，就可知道各缸的曲轴位置。磁电感应式转速传感器和曲轴位置传感器的转子信号盘也可安装在曲轴或凸轮轴上。

图 6-5 磁电感应式传感器

（2）霍尔效应式。

霍尔效应式转速传感器是利用霍尔效应的原理制成的，其利用霍尔效应使位移带动霍尔元件在磁场中运动产生霍尔电热，即把位移信号转换成电热变化信号。

霍尔效应式转速传感器由封装的霍尔芯片和永久磁铁作成整体固定在转盘上。触发叶轮上的缺口数和发动机气缸数相同。当触发叶轮上的叶片进入永久磁铁与霍尔元件之间时，霍尔触发器的磁场被叶片旁路，这时不产生霍尔电压，传感器无输出信号；当触发叶轮上的缺口部分进入永久磁铁和霍尔元件之间时，磁力线进入霍尔元件，霍尔电压升高，传感器输出电压信号。如图 6-6 所示。

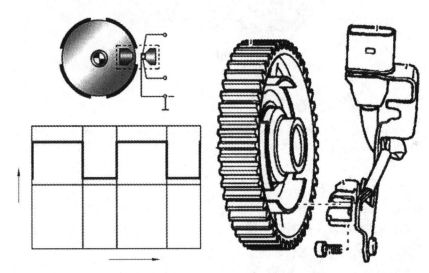

图 6-6　霍尔传感器原理和结构外形图

引导问题 2：汽车电控发动机点火有哪些方式，各有什么特点？

随着电子技术的不断发展，无分电器的电控点火系统越来越普及。目前，无分电器的点火系统采用较多的是分组点火方式、独立点火方式两种。

1. 分组点火方式

这种点火方式的特点是点火线圈的个数等于气缸数的一半。当两同步缸同时到达上止点时，火花塞跳火，其中一缸接近压缩行程上止点，为有效点火；另一缸接近排气行程上止点，为无效点火。

双缸点火方式指两个气缸合用一个点火线圈，因此这种点火方式只能用于气缸数目为偶数的发动机上，如图 6-7 所示。如果在 4 缸机上，当两个缸活塞同时接近上止点时（一个是压缩另一个是排气），两个火花塞共用同一个点火线圈且同时点火，这时一个是有效点火另一个则是无效点火，前者处于高压低温的混合气之中，后者处于低压高温的废气中，因此两者的火花塞电极间的电阻完全不一样，产生的能量也不一样，导致有效点火的能量大得多，约占总能量的 80% 左右。点火线圈结构如图 6-8 所示。

图 6-7 同时点火方式

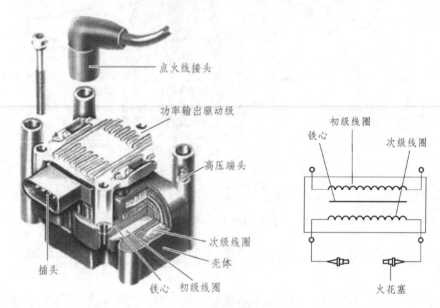

图 6-8 同时点火结构示意图

2. 独立点火方式

这种点火方式的特点是每缸一个点火线圈，即点火线圈的数量与气缸数相等。由于每缸都有点火线圈，即使发动机转速很高，点火线圈也有较长的通电时间，可提供足够高的点火能量。

单独点火方式是每一个气缸分配一个点火线圈，点火线圈直接安装在火花塞上的顶部，这样还取消了高压线，如图 6-9 所示。这种点火方式通过凸轮轴传感器或通过监测气缸压缩来实现精确点火，它适用于任何缸数的发动机，特别适合每缸 4 气门的发动机使用。因为火花塞点火线圈组合可安装在双顶置凸轮轴（DOHC）的中间，充分利用了间隙空间。由于取消分电器和高压线，能量传导损失及漏电损失极小，没有机械磨损，而且各缸的点火线圈和火花塞装配在一起，外用金属包裹，大幅减少了电磁干扰，可以保障发动机电控系统的正常工作。独立点火方式基本原理如图 6-10 所示。

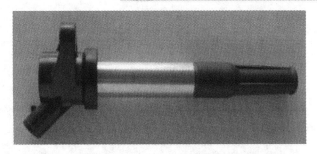

图 6-9　独立点火方式的点火线圈及模块总成图

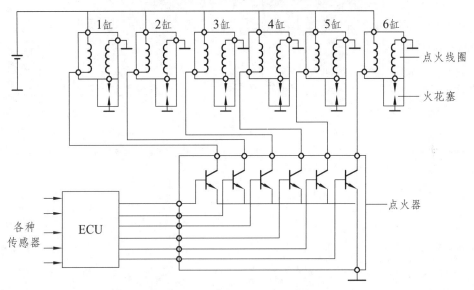

图 6-10　独立点火方式基本原理图

引导问题 3：汽车发动机电控点火系统有哪些功能？与传统点火系统比较有什么特点？

汽油发动机电控点火系统主要功能是实现点火提前角控制、点火初级线圈通电时间控制和爆燃控制等。

1. 点火提前角的控制

（1）点火提前角对发动机性能的影响。

点火提前角过大，即点火过早，大部分混合气在压缩过程中燃烧，活塞所消耗的压缩功增加，缸内最高压力升高，末端混合气自燃所需的时间缩短，爆燃倾向增大；点火提前角过小，即点火过迟，燃烧延伸到膨胀过程，燃烧最高压力和温度降低，传热损失增多，排气温度升高，功率降低，爆燃倾向减小，NO_x 排放降低。

（2）影响点火提前角的因素。

影响点火提前角的因素主要有发动机转速、发动机负荷和燃油辛烷值等。随着转速的升高点火提前角应增大。采用电控点火系统，更接近理想的点火提前角。发动机进气歧管压力高（真空度小、负荷大），点火提前角小，反之点火提前角大。燃油辛烷值越高，抗爆性越好，点火提前角可增大，反之应减小。其他影响因素包括燃烧室形状、燃烧室内温度、空燃比、大气压力、冷却水温度等。

（3）控制点火提前角的基本方法。

起动时的点火提前角是固定的，一般为 10° 左右，与发动机工况无关。起动后的点火提前角控制：实际点火提前角＝初始点火提前角＋基本点火提前角＋修正点火提前角。

点火时间由进气歧管压力信号（或进气量信号）和发动机转速确定的点火提前角和修正量决定。

（4）点火提前角的修正。

暖机修正：冷车起动后，冷却水温度过低，增大点火提前角，温度升高点火提前角变化曲线如图 6-11 所示。

过热修正：发动机处于正常的工况（不是怠速），当冷却水温度过高时，为避免爆震，推迟点火提前角。发动机处于怠速工况（IDL 触点闭合），冷却水温度过高时应增大点火提前角，如图 6-12 所示。

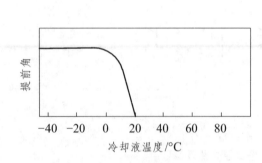

图 6-11　暖机修正曲线

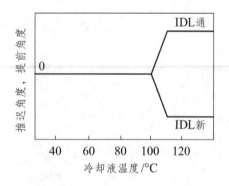

图 6-12　过热修正曲线

怠速稳定性的修正：电控单元 ECU 根据实际转速与目标转速的差值来修正点火提前角，低于目标转速，应增大点火提前角，反之，推迟点火提前角。

空燃比反馈修正：根据氧传感器的反馈信号调整喷油量来控制空燃比，喷油量大则点火提前角小。

（5）最大和最小提前角控制。

当电控单元计算出的实际点火提前角超过一定范围时，发动机将不能正常运转。为了防止出现这种情况，在电控点火系统中，由电控单元对实际点火提前角的数值范围进行限制。最大和最小点火提前角的一般范围如下：

A. 最大点火提前角：35°——45°；

B. 最小点火提前角：−10°——0°。

2. 闭合角的控制

闭合角是点火系统中点火线圈的初级线圈电流接通期间凸轮轴转过的角度，也称作初级线圈通电时间。

点火线圈初级电流大小与电路的接通时间有关，通电时间越长，电流越大，点火能量越大。但通电时间过长，电流过大，会使点火线圈发热，甚至烧坏，并会造成电能的浪费。因此，要控制一个最佳通电时间，既能得到较大的初级电流，获得较高的点火能量和次级电压，改善点火性能，同时又不会损坏点火线圈。而决定初级线圈中电流大小的因素，主要是线圈通电时间（即闭合时间）和发动机电源系统电压。

通常，要求在任何转速下电路断开时初级电流都能达到某一值（如 7A）。要做到这一点可采用两种办法：一是在点火控制电路中增加恒流控制电路；二是准确地控制通电时间，即在发动机转速变化时，控制大功率三极管导通时间不变，以确保高转速时有足够的能量和次级电压，不致发生断火，又能防止低转速时点火线圈和点火电子元件过热和损坏。传统点火系统在高转速时，初级电流减小，次级电压下降，影响了发动机动力性和经济性；而低转速时，初级电流增大，次级电压上升，点火线圈过热。此外，线圈中电流的大小还会受到电源电压的影响。在相同的通电时间内，电源电压越高，线圈电流越大。因此，有必要对线圈电路的接通时间进行控制和修正。

闭合角的控制具有以下特点：

（1）随电源电压的变化而变化，即电压增大，闭合角应减小。

（2）随转速变化而变化，即转速增大，闭合角应增大。通常在点火控制系统的设计过程中，将通过试验获得的点火闭合角的特性，存储在电控单元的存储器中。发动机工作时，ECU 根据发动机转速和蓄电池的电压，按照闭合角特性确定并控制点火线圈的通电时间，从而控制闭合角。

3. 爆燃的控制

爆燃会导致冷却液过热，功率下降，油耗上升。控制方法是推迟点火提前角。

引导问题 4：你能识读电控点火系统电路图吗？

（1）大众 5V 电控发动机点火系统电路图如图 6-13 所示，爆燃传感器、转速传感器电路如图 6-14、图 6-15 所示，仔细读懂电路图，根据你的理解，回答后面的问题。

| 57 | _____ | 红/黑 1.5 _____ | 30— _____ |
| T80/68— _____ | | G₄₀— _____ | G₆₁— _____ |

（接编号 57 处、红/黑导线截面面积 1.5 mm² 、电源 + 、电控单位元 80 脚中的第 68 脚霍尔传感器、1、2 缸爆震传感器）

（2）丰田 1ZR 电控发动机点火系统电路图如图 6-16、图 6-17 所示，仔细读懂电路图，根据你的理解，回答后面的问题。

| 2— _____ | NE— _____ | R— _____ |
| 121— _____ | IGT1— _____ | D1— _____ |

（转速传感器连接器端子 2、ECU 上转速传感器 NE-端子、红色导线、ECU 上第 121 号端子、1 缸点火模块正时控制端子、爆燃传感器代号）

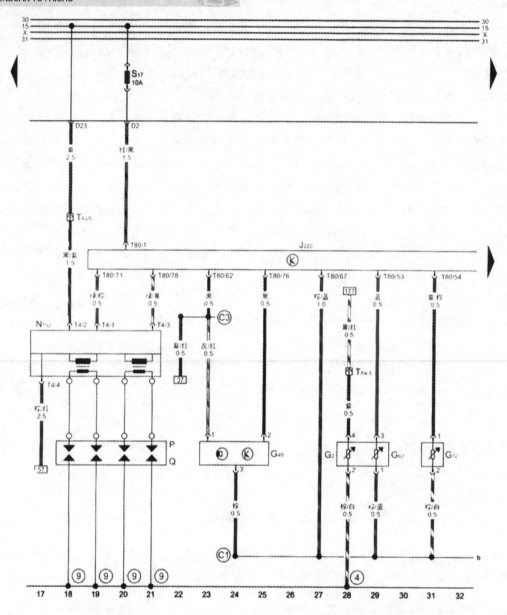

G2 — 水温表传感器
G40 — 霍尔传感器
G62 — 冷却温度传感器
G72 — 进气温度传感器
J220 — Motronic 发动机控制单元
N152 — 点火线圈
P — 火花塞插头
Q — 火花塞
S17 — 发动机控制单元保险丝, 10 A
T4 — 前大灯线束与散热风扇控制器插头连接, 4 针, 在散热风扇控制器上
T8a — 发动机线束与发动机右线束插头连接, 8 针, 在发动机舱中间支架上
T80 — 发动机线束. 发动机右线束与发动机控制单元插头连接, 80 针, 在发动机控制单元上

④ — 接地点. 在离合器壳上的支架上
⑨ — 自身接地
C1 — 连接线. 在发动机右线束内
C3 — +5V 连接线, 在发动机右线束内

图 6-13　大众 5V 电控发动机点火系统电路图

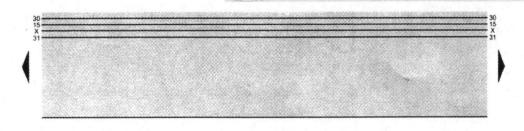

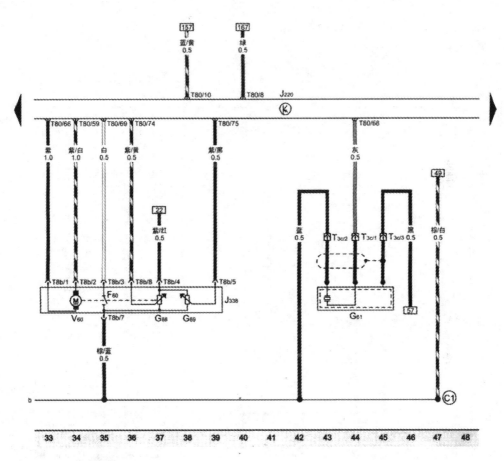

F60 — 怠速开关

G61 — 1、2缸爆震传感器

G69 — 节气门电位计

G88 — 节气门定位电位计

J220 — Motronic 发动机控制单元

J338 — 节气门控制部件

T3c — 发动机右线束与1、2缸爆震传感器插头连接，3针，在发动机舱中间支架上

T8b — 发动机右线束与节气门控制部件插头连接，8针，在节气门控制部件上

T80 — 发动机线束，发动机右线束与发动机控制单元插头连接，80针，在发动机控制单元上

V60 — 节气门定位器

Ⓒ1 — 连接线，在发动机右线束内

图 6-14 大众 5V 电控发动机爆燃传感器电路图

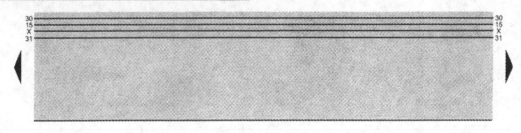

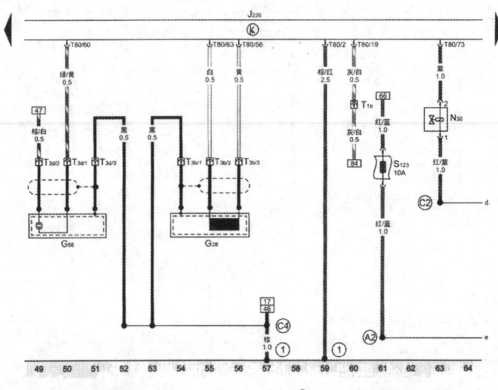

G28 — 发动机转速传感器

G66 — 3、4 缸爆震传感器

J220 — Motronic 发动机控制单元

N30 — 第 1 缸喷嘴

S123 — 喷嘴、空气质量计、AKF阀、氧传感器加热保险丝、10 A

T1b — 发动机线束与仪表板线束插头连接，1 针，在中央电器后面

T3b — 发动机右线束与发动机转速传感器插头连接，3 针，在发动机舱中间支架上

T3d — 发动机右线束与 3、4 缸爆震传感器插头连接，3 针，在发动机舱中间支架上

T80 — 发动机线束、发动机右线束与发动机控制单元插头连接，80 针，在发动机控制单元上

① — 接地点，在发动机控制单元旁车身上

Ⓐ2 — 正极连接线，在发动机线束内

Ⓒ2 — 正极连接线，在发动机右线束内

Ⓒ4 — 接地连接线，在发动机右线束内

图 6-15 大众 5V 电控发动机爆燃、转速传感器电路图

*1：屏蔽
*8：2010 年 9 月之前生产
*9：2010 年 9 月起生产
*10：1ZR-FE（2010 年 9 月之前生产）
*11：1ZR-FE（2010 年 9 月起生产）、2ZR-FE、3ZR-FE

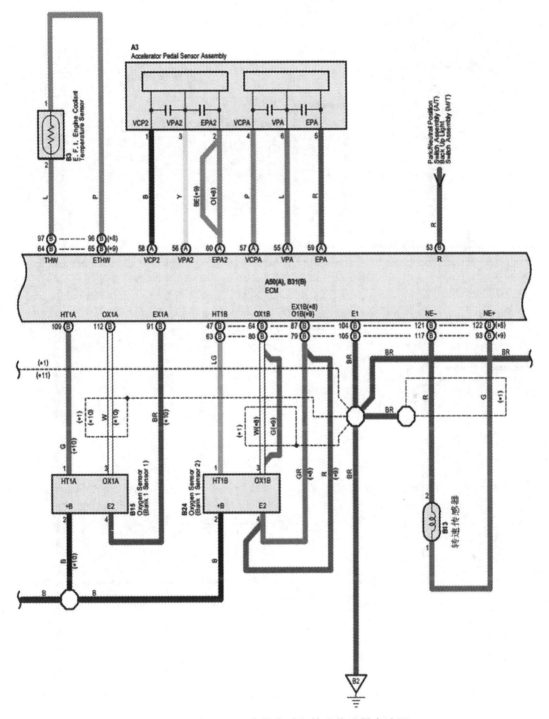

图 6-16　丰田 1ZR 电控发动机转速传感器电路图

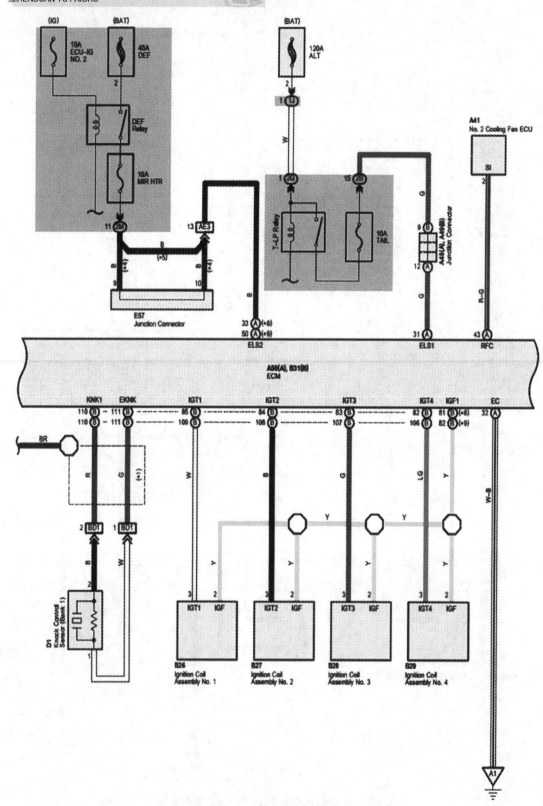

图 6-17 丰田 1ZR 电控发动机点火系统电路图

二、任务实施

引导问题 5：完成本任务，有哪些技术标准与要求？需要使用的工、量具有哪些？

1．技术标准与要求

（1）电控点火系统需要的电源电压为_____V，ECM 提供的电源电压为_____V。（　　　）

（2）大众 5V 电控发动机转速传感器 20 ℃ 时电阻值应在_____Ω。（　　　）

（3）丰田 1ZR 电控发动机转速传感器 20 ℃ 时电阻值应在_____Ω。（　　　）

（4）丰田 1ZR 电控发动机爆燃传感器 20 ℃ 时电阻值应在_____kΩ。（　　　）

　　（A．9 ~ 14，4.5 ~ 5.0　　　　B．800　　　　C．1 850 ~ 2 450　　　　D．120 ~ 280）

2．工具、设备和材料的准备

将工、量具名称及型号填入表 6-1 中。

表 6-1　工、量具名称及型号

序　号	名　称	型　号

引导问题 6：丰田 1ZR 电控发动机点火系统主要部件怎样检测？

1．爆燃传感器的检测

（1）按如下步骤检测爆燃传感器电阻：

A．拆下爆燃传感器 D1 连接器。

B．检测爆燃传感器电阻，检测方法如图 6-18 所示，将检测参数填入表 6-2。

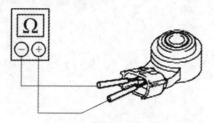

图 6-18　爆燃传感器检测

表 6-2　爆燃传感器及电路检测

序号	检测位置	检测条件	电阻测量值	电阻标准值
1	$D1_1$—$D1_2$	电阻检测		$120 \sim 280 \text{ k}\Omega$
2	$D1_1$—$B31_{111}$（EKNK）	电阻检测		$< 1 \ \Omega$
3	$D1_2$—$B31_{110}$（KNK1）	电阻检测		$< 1 \ \Omega$
4	$D1_1$—车身搭铁 $B31_{111}$（EKNK）—车身搭铁	电阻检测		$> 10 \text{ k}\Omega$
5	$D1_2$—车身搭铁 $B31_{110}$（KNK1）—车身搭铁	电阻检测		$> 10 \text{ k}\Omega$
结论：				

（2）检测爆燃传感器导线通路、短路：

A．拆下爆燃传感器 D1 连接器。

B．拆下 ECM 连接器 B31。

C．依照图 6-19、图 6-20 所示电路图和连接器图，按表 6-2 所列项目，检测爆燃传感器导线通路、短路，并将检测参数填入表 6-2 中。

D．重新连接爆燃传感器 D1 连接器。

E．重新连接 ECM 连接器 B31。

F．试验发动机。

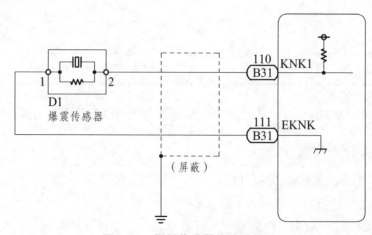

图 6-19　爆燃传感器线路连接图

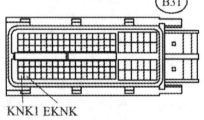

图 6-20 爆燃传感器、ECM 连接器端子位置图

2. 转速、凸轮轴位置传感器的检测

（1）按如下步骤检测转速传感器电阻：

A. 拆下转速传感器 B13 连接器。

B. 检测转速传感器电阻，检测位置如图 6-21 所示，将检测参数填入表 6-3。

C. 检测完成后连接好转速传感器连接器 B13。

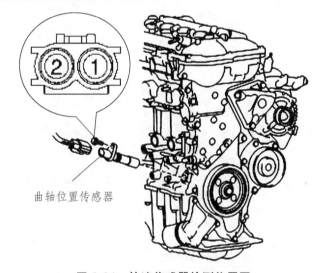

曲轴位置传感器

图 6-21 转速传感器检测位置图

表 6-3 转速传感器及电路检测

序号	检测位置	检测条件	电阻测量值	电阻标准值
1	$B13_1$—$B13_2$	电阻检测		$1\,850 \sim 2\,450\,\Omega$
2	$B13_1$—$B31_{122}$（NE+）	电阻检测		$< 1\,\Omega$
3	$B13_2$—$B31_{121}$（NE-）	电阻检测		$< 1\,\Omega$
4	$B13_1$—车身搭铁 $B31_{122}$（NE+）—车身搭铁	电阻检测		$> 10\,k\Omega$
5	$B13_2$—车身搭铁 $B31_{121}$（NE-）—车身搭铁	电阻检测		$> 10\,k\Omega$
结论：				

（2）检测转速传感器导线通路、短路：

A. 拆下转速传感器 B13 连接器。

B. 拆下 ECM 连接器 B31。

C. 依照图 6-22、图 6-23 所示电路图和连接器图，按表 6-3 所列项目，检测转速传感器导线通路、短路情况，并将检测参数填入表 6-3 中。

D. 重新连接转速传感器 B13 连接器。

E. 重新连接 ECM 连接器 B31。

F. 试验发动机。

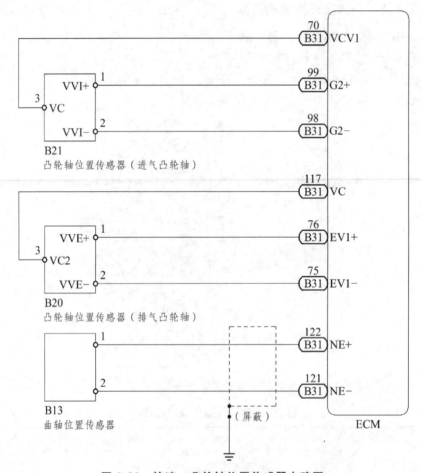

图 6-22 转速、凸轮轴位置传感器电路图

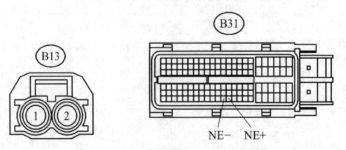

图 6-23 转速传感器、ECM 连接器

（3）按如下步骤检测进、排气凸轮轴位置传感器电源：

A．拆下进、排气凸轮轴位置传感器 B21、B20 连接器。

B．将点火开关置于 ON，检测进、排气凸轮轴位置传感器电源电压，检测位置如图 6-24 所示，将检测参数填入表 6-4。

C．检测完成后，连接好进、排气凸轮轴位置传感器连接器 B21、B20。

（4）检测进、排气凸轮轴位置传感器导线通路、短路：

A．拆下进、排气凸轮轴位置传感器 B21、B20 连接器。

B．拆下 ECM 连接器 B31。

C．依照图 6-22、图 6-24 所示电路图和连接器图，按表 6-4 所列项目，检测进、排气凸轮轴位置传感器导线通路、短路情况，并将检测参数填入表 6-4 中。

D．重新连接进、排气凸轮轴位置传感器 B21、B20 连接器。

E．重新连接 ECM 连接器 B31。

F．试验发动机，若仍存在故障应更换凸轮轴位置传感器。

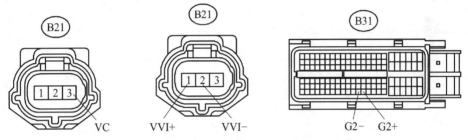

图 6-24　进气凸轮轴位置传感器、ECM 连接器

表 6-4　进、排气凸轮轴位置传感器及电路检测

序号	检测位置	检测条件	测量值	标准值
1	$B21_3$（VC）—车身搭铁	电压检测		$9 \sim 14\ V$
2	$B21_1$（VVI+）—$B31_{99}$（G2+）	电阻检测		$< 1\ \Omega$
3	$B21_2$（VVI-）—$B31_{98}$（G2-）	电阻检测		$< 1\ \Omega$
4	$B21_1$（VVI+）—车身搭铁 $B31_{99}$（G2+）—车身搭铁	电阻检测		$> 10\ k\Omega$
5	$B21_2$（VVI-）—车身搭铁 $B31_{98}$（G2-）—车身搭铁	电阻检测		$> 10\ k\Omega$
6	$B20_3$（VC2）—车身搭铁	电压检测		$9 \sim 14\ V$
7	$B20_1$（VVE+）—$B31_{76}$（EV1+）	电阻检测		$< 1\ \Omega$
8	$B20_2$（VVE-）—$B31_{75}$（EV1-）	电阻检测		$< 1\ \Omega$
9	$B20_1$（VVE+）—车身搭铁 $B31_{76}$（EV1+）—车身搭铁	电阻检测		$> 10\ k\Omega$
10	$B20_2$（VVE-）—车身搭铁 $B31_{75}$（EV1-）—车身搭铁	电阻检测		$> 10\ k\Omega$
11	$B20_2$（VVE-）—车身搭铁 $B31_{75}$（EV1-）—车身搭铁	电阻检测		$> 10\ k\Omega$
检测结论：				

3. 点火模块、点火线圈的检测（以 1# 缸为例）

（1）按如下步骤检测点火模块电源电压：

A. 拆下点火模块 B26 连接器。

B. 将点火开关置于 ON，根据图 6-25、图 6-26 所示的电路图，按图 6-27 所示位置检测电源电压，并将检测参数填入表 6-5。

C. 重新连接点火模块 B26 连接器。

表 6-5　点火模块及电路检测

序号	检测位置	检测条件	测量值	标准值
1	$B26_1$（+B）—$B26_4$（GND）	电压检测		9~14 V
2	$B26_3$（IGT1）—$B31_{85}$（IGT1）	电阻检测		<1 Ω
3	$B26_2$（IGF）—$B31_{81}$（IGF1）	电阻检测		<1 Ω
4	$B26_3$（IGT1）—车身搭铁 $B31_{85}$（IGT1）—车身搭铁	电阻检测		>10 kΩ
5	$B26_2$（IGF）—车身搭铁 $B31_{81}$（IGF1）—车身搭铁	电阻检测		>10 kΩ
结论：				

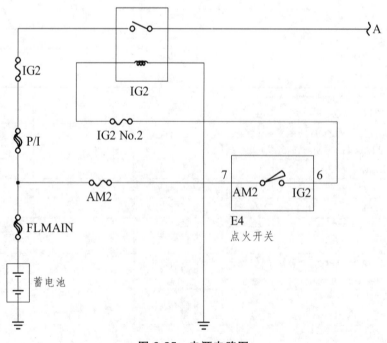

图 6-25　电源电路图

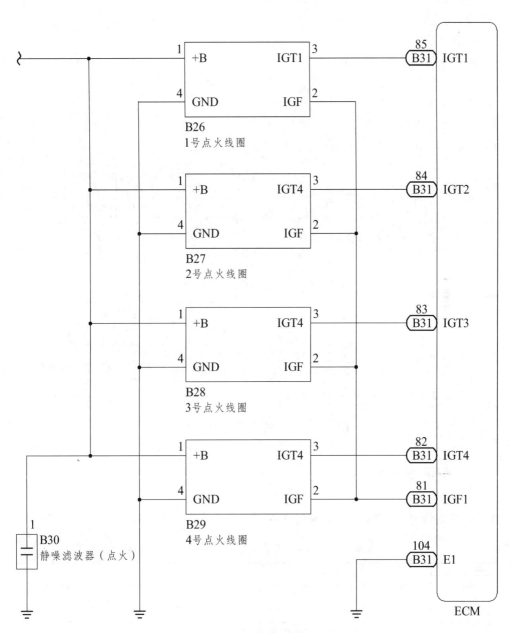

图 6-26　点火线圈电路图

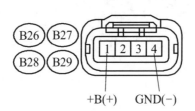

图 6-27　点火线圈连接器电压检测

（2）检测点火线圈导线通路、短路。

A. 拆下点火线圈 B26 连接器。

B. 拆下 ECM 连接器 B31。

C. 根据图 6-25、图 6-26 所示电路图，按图 6-28、图 6-29 所示位置，按表 6-5 所列项目，检测 1# 点火线圈导线通路、短路情况，并将检测参数填入表 6-5 中。

D. 重新连接点火线圈 B26 连接器。

E. 重新连接 ECM 连接器 B31。

F. 试验发动机，若仍然存在故障，应更换点火线圈。

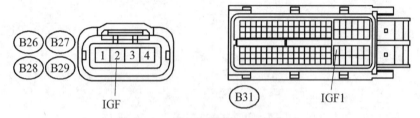

图 6-28　点火线圈线路检测（一）

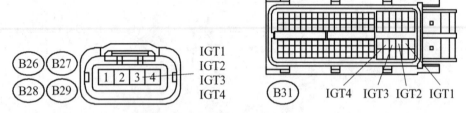

图 6-29　点火线圈线路检测（二）

三、评价与反馈

1. 任务实施考核成绩评定（见表 6-6）

表 6-6　汽车电控点火系统故障诊断评分标准

考核项目及分值	操作内容	评分标准
准备 10 分	工具的准备，发动机起动	不会起动发动机计 0 分
查找 30 分	1. 发动机无法起动的故障概述 2. 排除由于汽油供给或挡位不对造成的无法起动，指出点火系统故障	能叙述 3 点得 15 分，挡位调到 N 挡 5 分，查看油压表正常 10 分
点火系统 故障的排除 35 分	1. 找出故障具体位置（转速信号\点火控制信号\反馈信号\点火电压） 2. 排除故障	1. 逐步排除可疑故障每个 5 分 2. 指出故障 5 分，线路接好 5 分
排除成功 5 分	发动机再次起动正常	发动机起动正常 5 分
回答问题 5 分	随机抽查认识电控发动机 3 个传感器或执行器	有一个元件不认识扣 2 分； 3 个元件都不认识计 0 分

续表 6-6

考核项目及分值	操作内容	评分标准
时间 5分	20 min 完成	超时计 0 分
结束 5分	1. 诊断仪及传感器归位 2. 工作场地清洁	每漏 1 项扣 2.5 分
安全文明 5分	1. 操作文明 2. 无安全隐患	1. 不文明扣 3 分 2. 有事故隐患扣 2 分
总　分		

注：造成人身、设备重大事故，或恶意顶撞考官、严重扰乱考场秩序，立即终止考试，此题计 0 分。

2. 任务过程评价与反馈（见表 6-7 和表 6-8）

表 6-7　任务过程评价表（教师填写）

考核项目	评分标准	分数	成绩	过程评价
劳动纪律	有无迟到、早退和旷课	5		
团队合作	是否和谐	5		
活动参与	是否精彩	5		
安全生产	有无安全隐患	10		
操作过程	是否正确、熟练	30		
任务质量	是否圆满完成	10		
工具、设备使用	是否规范、标准	10		
工作页填写	是否完整、规范	15		
现场 5S	是否做到	10		
总　分		100		

注：没有按照操作流程操作，出现人身伤害或设备严重事故，本任务考核结果为 0 分。

表 6-8　任务过程反馈表（学生填写）

反馈内容	回答
你是否完成本次的任务，并得到老师的确认？	
你是否能准确有效地收集、分析和组织完成资料，正确地交流信息？	
你是否已经掌握预期的知识和必备的技能？	
你是否充分使用学习资源和按计划有组织的完成目标任务？	
操作完成水平： 上述表格中的项目应为肯定回答。若不是，应咨询老师。你可以请求附加相关活动，以便完成相关的操作技能。 教师签字：＿＿＿＿＿＿＿＿＿＿ 学生签字：＿＿＿＿＿＿＿＿＿＿ 完成日期：＿＿＿＿＿＿＿＿＿＿	

学习任务七　怠速控制系统检修

任务描述：

　　李先生 2006 年的桑塔纳轿车在行驶到 18 000 km 左右时，发现仪表上的发动机故障灯开始亮起。将车开到上海大众 4S 店，服务顾问初步诊断为怠速控制系统故障后，开出了检修发动机怠速控制系统的工单，机电组专业人员排除了故障。

学习目标：

　　通过本学习任务的学习，应当能：
　　（1）描述怠速控制系统的结构、组成。
　　（2）指出怠速控制方式及各自特点。
　　（3）理清怠速控制系统线路走向。
　　（4）知道怠速控制系统传感器作用、工作原理。
　　（5）正确使用示波器检测传感器波形。
　　（6）对怠速控制系统进行规范检测和试验。

建议学时：10 课时

学习内容：

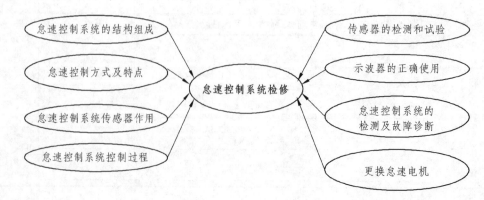

一、任务准备

引导问题 1：汽车电控发动机怠速控制系统有什么作用？由哪些主要部件组成？

怠速控制就是怠速转速的控制。根据发动机工作温度和负载，由 ECU 自动控制怠速工况下的空气供给量，维持发动机以稳定怠速运转。怠速控制系统是汽车电控发动机重要组成部分，系统保证发动机以设定的最低稳定转速运行，对汽车的正常行驶起着重要作用。

1. 怠速控制系统的功能

发动机处于冷车时，控制发动机转速高于热车时的怠速，用高怠速实现发动机起动后的快速暖机过程。

当发动机处于正常工作温度后，怠速控制系统自动将发动机怠速维持在目标转速下稳定运行。

控制好怠速，可以降低怠速排放量，提高燃油经济性，提高怠速稳定性，获得良好的驾驶舒适性，得到迅速、平稳的过渡特性。

2. 怠速控制系统的组成

主要由传感器、电控单元、和执行器 3 部分组成。传感器主要有发动机转速传感器、节气门位置传感器及怠速信号等，执行器主要是怠速控制电机或节气门控制电机，如图 7-1 所示。

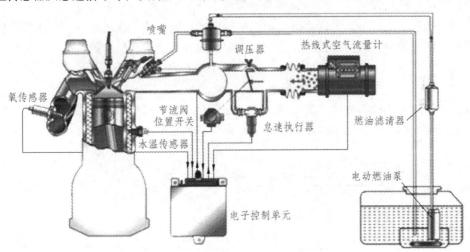

图 7-1　电控发动机怠速控制系统组成

3. 怠速控制的方法

怠速控制实质是电控单元根据节气门位置传感器、转速传感器等信号对怠速工况下的进气量进行控制。怠速时，转速若高于目标转速，电控单元将进气量减少，燃油也按比例减少，转速降低；转速若低于目标转速，电控单元控制增大进气量，燃油也按比例增多，转速提高。

怠速控制的基本类型有节气门直动式和旁通空气式。大众 5V 电控发动机、丰田 1ZR 电控发动机都采用节气门直动式怠速控制，长安微型车发动机采用旁通空气式怠速控制。

引导问题 2: 各种怠速控制有什么特点?

1. 节气门直动式怠速控制

节气门直动式是指电控单元通过控制怠速电机或节气门控制电机来直接操纵节气门的开度。节气门直动式怠速控制机构主要由直流电动机、减速齿轮机构、丝杠机构和传动轴等组成,如图 7-2 所示。这种怠速控制的优点是结构简单、工作稳定性好,缺点是采用了齿轮减速机构后执行速度慢、动态响应性差。

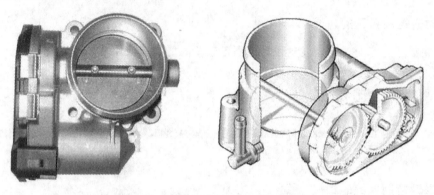

图 7-2 节气门直动式怠速控制机构

当直流电动机通电转动时,经减速齿轮机构减速增扭后,再由丝杠机构将其旋转运动转换为传动轴的直线运动。传动轴顶靠在节气门最小开度限制器上,发动机怠速运转时,电控单元根据各传感器的信号,控制直流电动机的正反转和转动量,以改变节气门最小开度限制器的位置,从而控制节气门的最小开度,实现对怠速进气量进行控制的目的。

2. 旁通空气式怠速控制

旁通空气式怠速控制机构,如图 7-3 所示,可分为步进电机式怠速控制机构、旋转电磁阀式怠速控制机构、占空比型电磁阀怠速控制机构和真空电磁阀怠速控制机构。

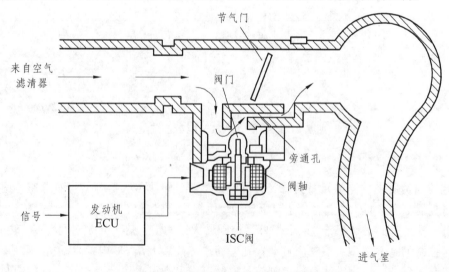

图 7-3 旁通空气式怠速控制机构

步进电机式怠速控制阀主要由步进电机、螺旋机构、阀芯和阀座等构成。步进电机用于产生驱动力矩，由永磁转子、定子绕组等组成，如图7-4所示。螺旋机构由螺杆和螺母组成，螺母与步进电机转子制成一体，螺杆的一端制有螺纹，另一端固定有阀心，螺杆与阀体之间为滑动花键连接，只能做轴向移动，不能做旋转运动。

步进电机的定子由A、B两组构成，每一级均带有16个齿有铁心，且交错装配，每个铁心上绕有2个定子线圈，且方向相反。转子上制有8对永磁磁极，其N、S极相间排列于转子圆周上，以构成该电机的主磁场，如图7-5所示。

图7-4 步进电机

工作过程是当ECU控制使步进电机的线圈按1-2-3-4顺序依次搭铁时，定子磁场顺时针转动，由于与转子磁场间的相互作用，使转子随定子磁场同步转动。同理，步进电动机的线圈按相反的顺序通电时，转子则随定子磁场同步反转。定子有32个爪级，步进电动机每转一步为1/32圈，工作范围为0~125个步进级。

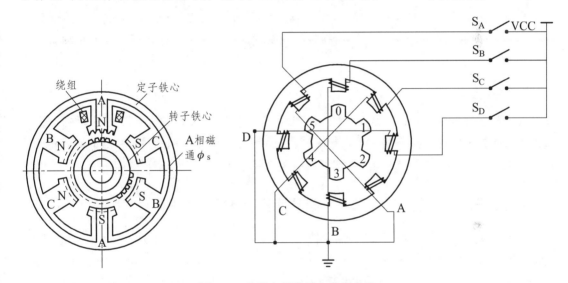

图7-5 步进电机定子、转子结构

引导问题3：怠速控制控制了哪些方面？

怠速控制除正常的怠速转速控制外，还包括其他方面的控制，主要有：

1. 起动初始位置的设定

关闭点火开关使发动机熄火后，ECU的M-REL端子向主继电器线圈供电延续约2~3 s。在这段时间内，蓄电池继续给ECU和步进电动机供电，ECU使怠速控制阀回到起动初始位置。

2. 起动控制

在起动期间，ECU根据冷却液温度的高低控制步进电动机，调节控制阀的开度，使之到起动后暖机控制的最佳位置，此位置随冷却液温度的升高而减小。

3. 暖机控制

在暖机过程中，ECU 根据冷却液温度信号按内存的控制特性控制怠速控制阀的开度，随温度上升，怠速控制阀开度逐渐减小。当冷却液温度达到 70 ℃ 时，暖机控制过程结束。

4. 怠速稳定控制

当实际转速信号与确定的目标转速进行比较有一定差值时，ECU 将通过步进电动机控制怠速控制阀，调节怠速空气供给量，使发动机的实际转速与目标转速相同。

5. 怠速预测控制

在发动机负荷发生变化时，为了避免怠速转速波动或熄火，ECU 会根据各负荷设备开关信号，通过步进电动机提前调节怠速控制阀的开度。

6. 电器负荷增多时的怠速控制

当电器负荷增大到一定程度时，蓄电池电压会降低。为了保证电控系统正常的供电电压，ECU 根据蓄电池电压调节怠速控制阀的开度，提高发动机怠速转速，以提高发动机的输出功率。

7. 学习控制

由于磨损原因导致怠速控制阀性能发生变化，怠速控制阀的位置相同时，实际的怠速转速与设定的目标转速略有不同。ECU 利用反馈控制使怠速转速回归到目标转速的同时，还可将步进电动机转过的步数存储在 ROM 中，以便在此后的怠速控制过程中使用。

引导问题 4：你能识读电控发动机怠速控制系统电路图吗？

（1）大众 5V 电控发动机怠速控制系统电路图如图 6-13、图 7-6 所示，仔细读懂电路图，根据你的理解，回答后面的问题。

棕/蓝—	F60—	V60—
T8b/1—	T80/59—	C1—
30—	J220—	

（导线主色为棕色副色为蓝色、怠速开关、怠速控制电机、节气门控制组件连接器 8 针脚中的第 1 脚、电控单元连接器 80 针脚中的第 59 脚、搭铁线连接点、电源正极 30 号线、电控单元 ECU）

（2）丰田 1ZR 电控发动机怠速控制系统电路图如图 7-7、图 6-16 所示，仔细读懂电路图，根据你的理解，回答后面的问题。

A50—	A3—	R—
B13—	VCPA—	D1—

（转速传感器连接器端子 2、ECU 上转速传感器 NE-端子、红色导线、ECU 上第 121 号端子、1 缸点火模块正时控制端子、爆燃传感器代号）

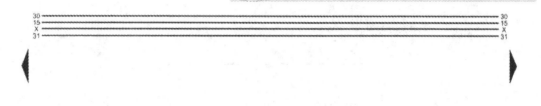

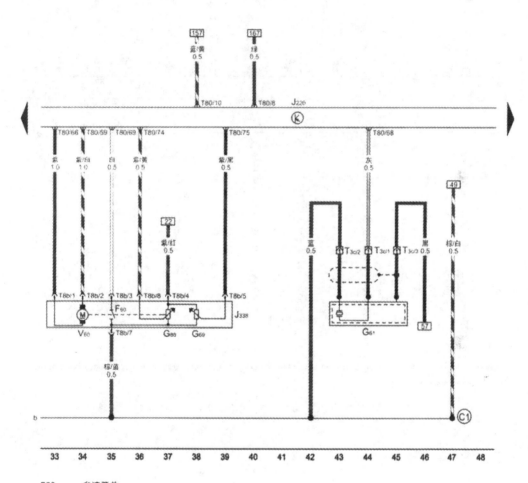

F60 —— 怠速开关

G61 —— 1、2 缸爆震传感器

G69 —— 节气门电位计

G88 —— 节气门定位电位计

J220 —— Motronic 发动机控制单元

J338 —— 节气门控制部件

T3c —— 发动机右线束与1、2缸爆震传感器插头连接，3针，在发动机舱中间支架上

T8b —— 发动机右线束与节气门控制部件插头连接，8针，在节气门控制部件上

T80 —— 发动机线束、发动机右线束与发动机控制单元插头连接，80针，在发动机控制单元上

V60 —— 节气门定位器

Ⓒ1 —— 连接线，在发动机右线束内

图 7-6　大众 5V 电控发动机怠速控制系统电路图

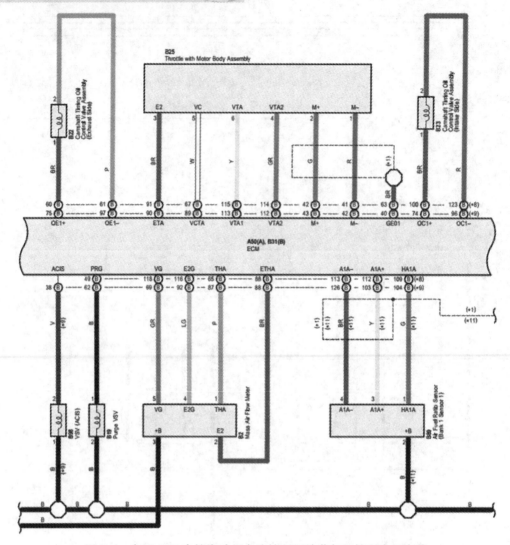

图 7-7　丰田 1ZR 电控发动机怠速控制系统节气门控制电机电路

二、任务实施

引导问题 5：完成本任务，有哪些技术标准与要求？需要使用的工、量具有哪些？

1. 技术标准与要求

（1）怠速控制系统需要的电源电压为_____V，ECM 提供的电源电压为_____V。
（　　）

（2）导线正常导通时电阻检测值应在_____Ω。（　　　）

（3）油门踏板位置传感器电阻应为_____Ω。（　　）

　　（A. 9 ~ 14，4.5 ~ 5.0　　　　B. 0.5　　　　C. 36.60 ~ 46.61 kΩ）

2. 工具、设备和材料的准备

将工、量具名称及型号填入表 7-1 中。

表 7-1　工、量具名称及型号

序　号	名　　称	型　　号

引导问题 6：丰田 1ZR 电控发动机怠速控制系统主要部件怎样检测？

1. 节气门控制电机的检测

按如下步骤检测节气门控制电机导线：

A. 拆下节气门控制器连接器 B25。

B. 根据图 7-8 所示电路图，检测节气门控制电机电阻值，如图 7-9 所示位置，将检测参数填入表 7-2。

C. 拆下电控单元连接器 B31。

D. 按图 7-9、图 7-10 所示检测位置，检测节气门控制电机导线电阻，并将检测结果填入表 7-2。

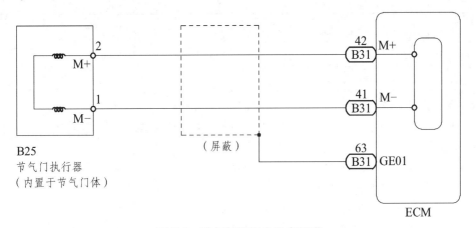

图 7-8　节气门控制电机电路图

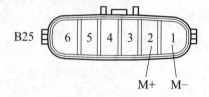

图 7-9　节气门控制电机连接器 B25

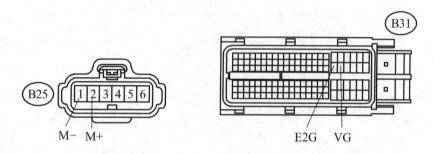

图 7-10　节气门控制电机连接器和电控单元连接器

表 7-2　节气门控制电机电路检测

序号	检测位置	检测条件	电阻测量值	电阻标准值
1	$B25_1$（M-）—$B25_2$（M+）	电阻检测		$0.3 \sim 100$
2	$B25_1$（M-）—$B31_{41}$（M-）	电阻检测		$< 1\ \Omega$
3	$B25_2$（M+）—$B31_{42}$（M+）	电阻检测		$< 1\ \Omega$
4	$B25_1$（M-）—车身搭铁 $B31_{41}$（M-）—车身搭铁	电阻检测		$> 10\ k\Omega$
5	$B25_2$（M+）—车身搭铁 $B31_{42}$（M+）—车身搭铁	电阻检测		$> 10\ k\Omega$
结论：				

2. 节气门位置传感器的检测

（1）节气门位置传感器电压的检测：

A. 拆下节气门控制器连接器 B25。

B. 将点火开关置于 ON。

C. 根据图 7-11 电路图，按表 7-3 要求，如图 7-12 所示位置检测电源电压，将检测参数填入表 7-3。

（2）节气门位置传感器线路检测：

A. 拆下节气门控制器连接器 B25。

B. 拆下电控单元连接器 B31。

C. 根据图 7-11 电路图，按表 7-3 要求，如图 7-12 所示位置检测导线电阻，将检测参数填入表 7-3。

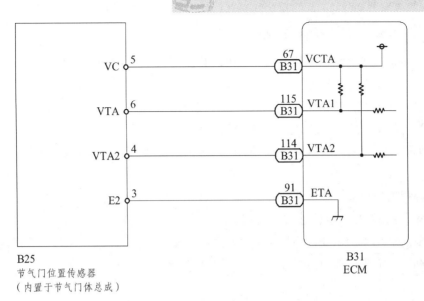

图 7-11　节气门位置传感器电路图

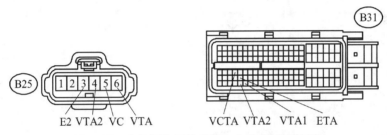

图 7-12　节气门位置传感器、电控单元连接器

表 7-3　节气门位置传感器及电路检测

序号	检测位置	检测条件	测量值	电阻标准值
1	$B25_5$（VC）—$B25_3$（E2）	电压检测		4.5～5.0 V
2	$B25_5$（VC）—$B31_{67}$（VCTA）	电阻检测		<1 Ω
3	$B25_3$（E2）—$B31_{91}$（ETA）	电阻检测		<1 Ω
4	$B25_6$（VTA）—$B31_{115}$（VTA1）	电阻检测		<1 Ω
5	$B25_4$（VTA2）—$B31_{114}$（VTA2）	电阻检测		<1 Ω
6	$B25_5$（VC）—车身搭铁 $B31_{67}$（VCTA）—车身搭铁	电阻检测		>10 kΩ
7	$B25_3$（E2）—车身搭铁 $B31_{91}$（ETA）—车身搭铁	电阻检测		>10 kΩ
8	$B25_6$（VTA）—车身搭铁 $B31_{115}$（VTA1）—车身搭铁	电阻检测		>10 kΩ
9	$B25_4$（VTA2）—车身搭铁 $B31_{114}$（VTA2）—车身搭铁	电阻检测		>10 kΩ

结论：

3. 油门踏板位置传感器的检测

（1）使用发动机故障诊断仪读取故障码、数据流：

A. 将检测诊断仪连接到故障诊断接器 DLC3 上。

B. 将点火开关置于 ON 位置，开启检测诊断仪。

C. 使用检测诊断仪，选择相应的菜单。

D. 按图 7-13 所示方法踩下和松开油门踏板，从检测诊断仪上读取数据流，并将参数填入表 7-4。

（2）检测油门踏板位置传感器电压：

A. 拆下油门踏板位置传感器 A3 连接器。

B. 根据图 7-14 所示油门踏板位置传感器电路图，按表 7-4 要求项目，检测油门踏板位置传感器电压，检测位置如图 7-15 所示，将检测参数填入表 7-4。

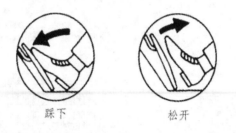

踩下　　　　　　　松开

图 7-13　踩下和松开油门踏板

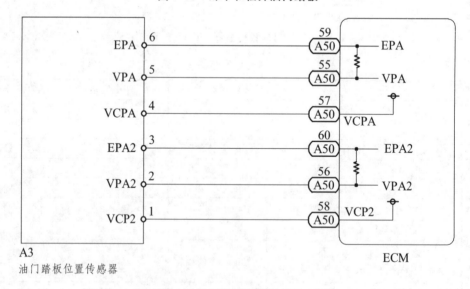

图 7-14　油门踏板位置传感器电路图

（3）检查油门踏板位置传感器电阻：

A. 拆下油门踏板位置传感器 A3 连接器。

B. 根据图 7-14 所示油门踏板位置传感器电路图，按表 7-5 要求项目，按图 7-16 所示位置，检测油门踏板位置传感器电阻，将参数填入表 7-5。

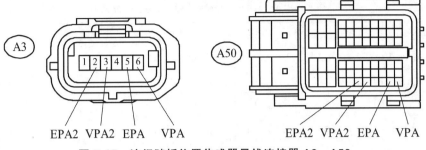

图 7-15　油门踏板位置传感器导线连接器 A3、A50

表 7-4　油门踏板位置传感器电压检测

序号	检测位置	检测条件	测量值	电压标准值
1	1 号位置信号电压	松开油门踏板		0.5~1.1 V
2	1 号位置信号电压	踩下油门踏板		2.6~4.5 V
3	2 号位置信号电压	松开油门踏板		1.2~2.0 V
4	2 号位置信号电压	踩下油门踏板		3.4~4.5 V
5	$A3_4$（VCPA）—$A3_5$（EPA）	电压检测		4.5~5.0 V
6	$A3_1$（VCPA2）—$A3_2$（EPA2）	电压检测		4.5~5.0 V
结论：				

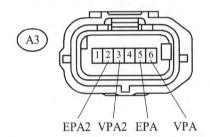

图 7-16　油门踏板位置传感器 A3 连接器

表 7-5　油门踏板位置传感器电阻检测

序号	检测位置	检测条件	测量值	电阻标准值
1	$A3_3$（VPA2）—$A3_2$（EPA2）	电阻检测		36.60~46.61 kΩ
2	$A3_6$（VPA）—$A3_5$（EPA）	电阻检测		36.60~46.61 kΩ
结论：				

（4）检测油门踏板位置传感器导线电阻：

A. 拆下油门踏板位置传感器 A3 连接器。

B. 拆下电控单元 ECM 连接器 A50。

C. 根据图 7-14 所示油门踏板位置传感器电路图，按表 7-6 要求项目，检测油门踏板位置传感器导线电阻，检测位置如图 7-15 所示，将检测参数填入表 7-6。

表 7-6　油门踏板位置传感器导线电阻检测

序号	检测位置	检测条件	测量值	电阻标准值
1	$A3_1$（VCPA2）—$A50_{58}$（VCPA2）	电阻检测		$<1\,\Omega$
2	$A3_2$（EPA2）—$A50_{60}$（EPA2）	电阻检测		$<1\,\Omega$
3	$A3_3$（VPA2）—$A50_{56}$（VPA2）	电阻检测		$<1\,\Omega$
4	$A3_4$（VCPA）—$A50_{57}$（VCPA）	电阻检测		$<1\,\Omega$
5	$A3_5$（EPA）—$A50_{59}$（EPA）	电阻检测		$<1\,\Omega$
6	$A3_6$（VPA）—$A50_{55}$（VPA）	电阻检测		$<1\,\Omega$
7	$A3_1$（VCPA2）—车身搭铁 $A50_{58}$（VCPA2）—车身搭铁	电阻检测		$>10\,k\Omega$
8	$A3_2$（EPA2）—车身搭铁 $A50_{60}$（EPA2）—车身搭铁	电阻检测		$>10\,k\Omega$
9	$A3_3$（VPA2））—车身搭铁 $A50_{56}$（VPA2）—车身搭铁	电阻检测		$>10\,k\Omega$
7	$A3_4$（VCPA）—车身搭铁 $A50_{57}$（VCPA）—车身搭铁	电阻检测		$>10\,k\Omega$
8	$A3_5$（EPA）—车身搭铁 $A50_{59}$（EPA）—车身搭铁	电阻检测		$>10\,k\Omega$
9	$A3_6$（VPA）—车身搭铁 $A50_{55}$（VPA）—车身搭铁	电阻检测		$>10\,k\Omega$
结论：				

三、评价与反馈

1．任务实施考核成绩评定（见表 7-7）

表 7-7　油门踏板位置传感器检测考核表

考核项目 及分值	考核内容	评分标准	评分 记录
准备 10 分	1．清点设备仪器、清理工位 2．检查电源断开情况	1．未清洁设备仪器、试验台扣 3 分 2．未检查设备扣 5 分	
检测诊断仪的 使用 30 分	1．正确使用工具检测仪 2．检测参数正确 3．判断结果正确	1．不正确使用扣 1～10 分 2．不正确扣 1～10 分 3．判断不正确扣 1～10 分	
油门踏板位置 传感器检测 20 分	1．正确使用工具检测仪 2．检测参数正确 3．判断结果正确	1．不正确使用扣 1～5 分 2．不正确扣 5～10 分 3．不正确扣 5 分	

续表 7-7

考核项目及分值	考核内容	评分标准	评分记录
油门踏板位置传感器导线检测与试验 30 分	1．正确使用工具检测仪 2．检测参数正确 3．判断结果正确	1．使用不正确扣 1~5 分 2．检测参数不正确扣 5 分 3．结果不正确扣 10 分	
收尾工作 10 分	1．清洁工具、量具、工作台 2．工、量具应摆放整齐	1．未清洁扣 1~3 分 2．未摆放整齐扣 1 分	
考核时限	完成全部考核内容规定用时为 15 min	1．超时 1 min 扣 5 分 2．超时 5 min 即停止记分	

注：造成人身、设备重大事故，或恶意顶撞考官、严重扰乱考场秩序，立即终止考试，此题计 0 分。

2. 任务过程评价与反馈（见表 7-8 和表 7-9）

表 7-8　任务过程评价表（教师填写）

考核项目	评分标准	分数	成绩	过程评价
劳动纪律	有无迟到、早退和旷课	5		
团队合作	是否和谐	5		
活动参与	是否精彩	5		
安全生产	有无安全隐患	10		
操作过程	是否正确、熟练	30		
任务质量	是否圆满完成	10		
工具、设备使用	是否规范、标准	10		
工作页填写	是否完整、规范	15		
现场 5S	是否做到	10		
总　分		100		

注：没有按照操作流程操作，出现人身伤害或设备严重事故，本任务考核结果为 0 分。

表 7-9　任务过程反馈表（学生填写）

反馈内容	回答
你是否完成本次的任务，并得到老师的确认？	
你是否能准确有效地收集、分析和组织完成资料，正确地交流信息？	
你是否已经掌握预期的知识和必备的技能？	
你是否充分使用学习资源和按计划有组织的完成目标任务？	
操作完成水平： 　上述表格中的项目应为肯定回答。若不是，应咨询老师。你可以请求附加相关活动，以便完成相关的操作技能。 　教师签字：_____ 　学生签字：_____ 　完成日期：_____	

学习任务八　电控发动机的故障诊断

 任务描述：

　　李先生 2006 年的桑塔纳轿车在行驶到 18 000 km 左右时，发现仪表上的发动机故障灯开始亮起。将车开到上海大众 4S 店，服务顾问初步诊断为发动机电控系统故障后，开出了检修发动机电控系统的工单，机电组专业人员排除了故障。

 学习目标：

　　通过本学习任务的学习，应当能：
　　（1）描述电控发动机的故障诊断方法。
　　（2）叙述电控发动机的故障诊断流程。
　　（3）查阅相应的维修资料或维修手册。
　　（4）简单分析故障原因。
　　（5）正确使用汽车故障诊断仪诊断故障。
　　（6）排除故障或验证故障。

 建议学时：8 课时

 学习内容：

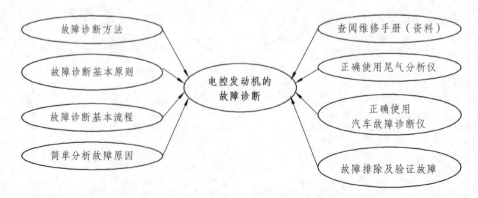

一、任务准备

引导问题 1：什么是汽车电控发动机故障诊断？故障诊断有什么原则？

汽车故障诊断是指依照相关技术标准，使用专用的工具、仪器、设备和软件，对汽车故障进行检测排查、分析判断，从而查明故障成因，确认故障部位的操作过程。汽车故障的诊断方法是人工直观经验诊断法和仪器设备诊断法，如图 8-1 所示。随着汽车技术的发展，特别是电子技术、计算机技术在汽车上的应用，汽车故障诊断正从传统的眼观、耳听、鼻闻、手摸、隔离、试探和比较等经验诊断方式，向以数字化、集成化和智能化的诊断设备为辅助手段，以信息技术为依托的系统完整的现代汽车故障诊断技术体系发展。

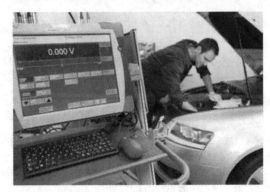

图 8-1　故障诊断

汽车故障诊断应遵循以下基本原则：
（1）先简后繁、先易后难。
（2）先思后行、先熟后生。
（3）先上后下、先外后内。
（4）先备后用、代码优先。

引导问题 2：汽车电控发动机故障诊断有哪些内容？

汽车故障诊断的方法主要采用人工经验法与仪器设备相结合，如图 8-2 所示，主要内容包括：
（1）询问用户：故障产生的时间、现象、当时的情况，发生故障时的原因以及是否经过检修、拆卸等。
（2）初步确定出故障范围及部位。
（3）调出故障码，并查出故障的内容。
（4）按故障码显示的故障范围进行检修，尤其注意接头是否松动、脱落，导线连接是否正确。
（5）检修完毕，应验证故障是否确已排除。
（6）如调不出故障码，或者调出后查不出故障内容，则根据故障现象，大致判断出故障范围，采用逐个检查元件工作性能的方法加以排除。

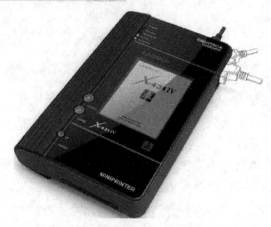

图 8-2　元征 X-431 故障诊断仪

引导问题 3：汽车电控发动机故障诊断的基本流程或操作步骤是怎样的？

　　汽车故障诊断的基本流程与具体故障有关，主要按故障所在系统的结构组成为主要对象，遵循故障诊断基本原则，逐步分析故障可能的原因及具体部位，采用适当的方法加以检查或检测，并对检测结果做出正确的判断。以电控发动机无法起动的故障为例，具体分析故障诊断原因、操作流程和操作步骤等。

1. 电控发动机无法起动，引起故障的主要原因

　　（1）蓄电池电量不足，不能提供正常的起动电流，起动系统故障。
　　（2）点火线圈高压线及分电器漏电，造成火花弱，火花塞间隙不正常造成点火困难。
　　（3）燃油供给系故障，包括油箱中无油、燃油压力过高或过低、汽油泵及其控制电路故障、喷油器及其控制电路故障。
　　（4）冷却液温度传感器损坏，或相应线路断路、短路。
　　（5）曲轴位置传感器损坏，或相应线路断路、短路。
　　（6）节气门位置传感器与空气流量计损坏，或相应线路断路、短路。
　　（7）发动机机械故障，主要包括气缸压力过低。
　　电控发动机无法起动，故障诊断的流程如图 8-3 所示。

2. 汽车故障诊断的基本操作步骤

　　（1）汽车故障诊断的准备工作。
　　（2）故障现象确认及试验。
　　（3）直观检查。
　　（4）故障诊断仪诊断故障，如图 8-4 所示。
　　（5）使用简单工、量具验证故障点。
　　（6）排除故障。
　　（7）试车、复检。
　　（8）结束整理工作。

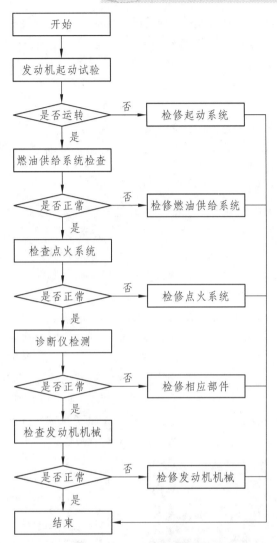

图 8-3　电控发动机无法起动故障诊断工艺流程图

图 8-4　用故障诊断仪诊断故障

3. 电控发动机无法正常起动，故障检查主要的内容

电子控制燃油喷射式发动机在设计上具有很好的起动性能。汽车喷射系统的一般故障通

常不会导致发动机不能起动。如果出现了不能起动且无着车征兆的故障，其原因一定是发动机的点火系统、燃油系统或控制系统三者之中的一个或一个以上的系统完全丧失了功能。因此，不能起动的故障诊断排除应重点集中在上述 3 个系统中，主要检查以下内容。

（1）检查电源系统。

开启大灯，大灯应正常；或按下喇叭开关，如图 8-5 所示，喇叭声音应正常；若不正常，测量蓄电池电压，12.9 V 以上电压为正常，若不正常，应更换蓄电池或充电；电源正常后连续起动汽车几次，有着车迹象，说明起动机工作；若无着车迹象，说明起动系统有故障，检查起动控制线和试验起动机。

（2）检查点火系统

导致发动机不能起动的最常见原因是点火系统不能点火。因此，在做进一步的检查之前，应先排除点火系统的故障。在检查电控发动机的点火系统有无高压火花时应采用正确的方法，不可沿用检查传统触点式点火系统高压火花的做法，以防损坏点火系统中的电子元件。

正确检查点火系统故障的方法是：从分电器上拔下高压总线，让高压总线末端距离缸体 5～6 mm，或从缸体上拔下高压分线，将一个火花塞接在高压线上，将火花塞接地，如图 8-6 所示。接通起动开关，用起动机带动发动机转动，同时观察高压总线末端或火花塞电极处有无强烈的蓝色高压火花。如果没有高压火花或火花很弱，说明点火系统有故障。在查找故障部位之前，可先进行发动机故障自诊断，检查有无故障代码。现代电控发动机的故障自诊断系统通常能检测出点火系统中的曲轴位置传感器及点火器的故障。如有故障代码，则可按显示的故障代码查找故障部位；如无故障代码，则应分别检查点火系统中的高压线、分电器盖、高压线圈、点火器、分电器、曲轴位置传感器及点火控制系统。点火系统最容易损坏的零件是点火器，应重点检查，也可以通过换件的方法来确定故障。

图 8-5　按喇叭开关检查蓄电池电量

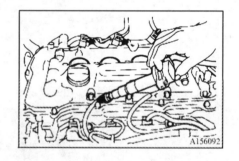

图 8-6　火花塞试火

（3）检查燃油供给系统

对于不能起动的故障，一般应先检查油箱存油情况。打开点火开关，若汽油表指针不动或油量警告灯亮，则说明箱内无油，应加满油后再起动。

通常电控发动机的起动控制系统要求在起动时不踩油门踏板。如果在起动时将油门踏板完全踩下或反复踩油门踏板以求增加供油量，往往会使控制系统的溢油消除功能起作用，从而导致喷油器不喷油，造成不能起动。

燃油系统油压过低会造成喷油量太少，也会导致不能起动。发动机正常运转状态下正常燃油压力应达 300 kPa 左右，如图 8-7 所示。检查燃油压力时，将专门测量汽油压力的油压表接在输油管上，起动发动机，观察油压值是否正常。如果燃油压力过低，可用钳子包上软布，将油压调节器的回油管夹住，阻断回油通路。此时，若燃油压力迅速上升，说明是油压调节器漏油，造成油压过低，应更换油压调节器；若燃油压力上升缓慢或基本上不上去，则说明油路堵塞或电动汽油泵有故障。对此，应先拆检汽油滤清器。如有堵塞，应更换；如滤清器良好，则应更换电动汽油泵。若油压过小，可能是汽油泵出现故障或者是线路中的燃油继电器、导线等发生故障。

图 8-7　汽油压力表指示值

电动汽油泵不工作也是造成发动机不能起动的最常见原因之一。检查电动汽油泵的方法是：首先打开点火开关到 ON 挡，听是否有油泵工作的声音，把点火开关拨到 OFF 挡再拨到 ON 挡，与此同时听汽油泵是否工作。若汽油泵不工作，应检查燃油系统熔断器、油泵继电器、汽油泵及其控制线路。可用万用表检查熔断器是否断开或烧蚀，油泵继电器可采用更换新件、试验等方法进行检查，汽油泵可用万用表检查其电阻，也可以进行通电试验。

喷油器工作不良，也可能导致发动机无法正常起动。在起动发动机时，检查各喷油器有无工作的声音。检查时可用一个大阻抗的试灯接在喷油器的线束插头上，如图 8-8 所示。如果在起动发动机时试灯能闪亮，说明喷油器控制系统工作正常；若检查喷油器无声音，则喷油器有故障，应更换。

图 8-8　LED 试灯检测喷油器连接器

如果试灯不闪亮，则说明喷油器控制系统或控制线路有故障。对此，应检查喷油器电源熔断器有无烧断，喷油器降压电阻有无烧断，喷油器与电源之间的接线是否良好，喷油器与电脑之间的接线是否良好，电脑的电源继电器与电脑之间的接线是否良好。如果外部电路均正常，则可能是电脑内部有故障，可用电脑故障检测仪或采用测量电脑各接脚电压的方法来检测电脑有无故障；也可以用一个好的电脑换上试一下。如能起动，可确定为电脑故障。对此，应更换。

（4）检查冷却液温度传感器。

发动机冷却液温度传感器信号变换为电信号输入发动机电控单元，供 ECU 修正喷油时间和点火时间，使发动机处于最佳工作状态。若冷却液温度传感器损坏将不能准确判断冷却液温度信号，使发动机电控单元无法判断是热车还是冷车，从而导致喷油量不足或过多，造成无法正常起动发动机。检查冷却液温度传感器的方法详见"学习任务二"相关内容。

（5）检查曲位置传感器。

曲轴位置传感器是计算机控制的点火系统中最重要的传感器，其作用是检测上止点信号、曲轴转角信号和发动机转速信号，并将其输入计算机，从而使计算机能按气缸的点火顺序发出最佳点火时刻指令和确定喷油时刻。转速传感器的检查方法详见"学习任务六"相应内容。

（6）检测节气门位置传感器与空气流量计。

丰田 1ZR 发动机采用的是电机式节气门，而节气门位置传感器安装在节气门体旁，与节气门轴联动。节气门位置传感器一般很少出现故障，但是为了严谨还是要用万用表检查。拔去节气门位置传感器的插头，接通点火开关，测量线束电压，发动机控制模块输出的开路电压是 5 V。缓慢打开节气门，测量节气门位置传感器的电阻值，连续变化无突变、短路或断路，如图 8-9 所示。接上插头，接通点火开关，测量相应的信号电压，当节气门关闭时信号电压为 0.5 V，当节气门全开时电压为 4.5 V，随着节气门缓慢打开，信号电压应从 0.5 V 逐渐升高至 4.5 V，信号电压连续变化，无突变、短路或断路。节气门位置传感器数据正常证明节气门位置传感器完好，但是由于汽车已经使用很长时间，还是需要清洗节气门和进气系统。

空气流量计安装在空气滤清器和节气门之间的进气管上，测量进入发动机汽缸的所有空气流量，并转换成电信号送给发动机电控单元 ECU。空气流量计信号是 ECU 决定喷油量和点火正时的信号之一。大多数汽车采用的是热线型空气流量计。由于在空气流量计内部设置了一个 A/D 转换器，其输出信号是数字频率信号。

由于空气流量计安装在空气滤芯器和节气门之间的进气管上，如图 8-10 所示。如果要更换空气流量计就必须把进气管整体更换。更换进气管，起动发动机正常运转，至此故障排除。

图 8-9　节气门位置传感器检测　　　　图 8-10　空气流量计检查

采用空气流量计测量进气量的燃油喷射系统,只要在空气流量计之后的进气管道有漏气,就会影响进气量计量的准确性,从而使混合气变稀。严重的漏气会导致发动机不能起动。检查中应仔细查看空气流量计之后的进气软管有无破裂,各处接头、卡箍有无松脱,谐振腔有无破裂,曲轴箱通风软管是否接好。

此外,燃油蒸发回收系统和排气再循环系统在起动及怠速运转中是不工作的。如因某种原因而使他们在起动时就进入工作状态,也会影响起动性能。将燃油蒸发回收软管或排气再循环管道堵塞住,再起动发动机。如在这种状态下发动机能正常起动,说明该系统有故障,应认真检查。

(7)检查气缸压力。

若上述检查均为正常,则应进一步检查发动机气缸压缩压力。若气缸压缩压力低于800 kPa,则说明发动机机械部分有故障,应进一步拆检发动机本体。

说明:关于部件检查,已在本书前面内容中讲过,这里在讲故障诊断与排除时,一些具体部件的检查步骤从略。

引导问题4:汽车电控发动机故障如何排除?

通过故障诊断找到故障后,应根据故障的实际情况进行正确排除,排除方法主要是针对相应的电路和线路、更换零件及调校参数等。

1. 检修线路

检修线路常使用万用表,如图8-11所示。当诊断出某导线有断路时,还应确认导线的哪一点断开,找到断开点后,若导线本身长度足够,可以将导线外面的绝缘层剥开,将导线里面的铜导线连接起来,保证可靠连接,并把连接部位包裹好,使其有良好的绝缘性;若导线本身长度较短时,应找一段相同的导线,相同的导线是指导线型号、颜色及粗细等完全相同,把断开的导线连接起来并包裹好,仍然需要保证良好的绝缘性。

图8-11　万用表检修线路

当诊断出某导线短路时,一定要仔细找到故障点,即什么位置出现了短路。找短路点可顺着电路逐点查找,有连接器的地方可将连接断开检查。找到短路位置后,应将短路的导线分离开,使用绝缘材料将短路位置的导线包裹好,保证有良好的绝缘性,必要时要固定好。

当导线或连接器有接触不良时，可采用振动法检查。找到接触不良故障后应保证接触可靠，并反复试验，确认接触不良故障排除。

2. 更换零件

电控发动机更换零件，根据零件安装的位置、特性，选择拆卸外围的附件。为了操作方便，附件应拆得多些；但为了节省时间，应拆得少些。这取决于工作人员的技术水平。将要更换的零件拆下来，清理拆卸零件的基体，必要时还要进行检测、检查；将准备好的新件安装到相应的位置，做仔细检查后，应做试验。

二、任务实施

引导问题5：完成本学习任务，使用了哪些仪器设备？

将仪器设备名称及型号填入表8-1中。

表 8-1　仪器设备名称及型号

名　称	型　号

引导问题6：你怎样诊断丰田1ZR电控发动机怠速不稳的故障？

1. 故障现象

发动机起动后转速忽高忽低。发动机转速一会儿高于标准怠速转速，一会儿低于标准怠速转速，甚至熄火。

将你见到的故障现象填入表8-2中。

表 8-2　诊断丰田 1ZR 电控发动机怠速不稳故障记录表

序　号	项　目	具体内容
	故障现象	
	故障原因	

2. 故障原因

丰田 1ZR 电控发动机怠速不稳的故障原因较多，主要有以下几个方面：

（1）进气供给系统。导致空气供给不足的故障原因主要有：进气管及各种阀的泄漏；怠速空气通道与节气门积垢过多；控制怠速的传感器及其他电路失常。另外进气温度传感器、空气流量传感器、水温传感器及传感器电路短路、断路都会造成发动机怠速不稳。

（2）点火系统。导致点火系统故障的原因主要有：次级电压低，高压线漏电，高压线短路或内阻大，点火提前角不对，火花塞积炭、烧蚀，火花塞电极间隙不对，点火线圈损坏或点火控制电路故障。

（3）燃油系统。导致燃油系统供油不足的原因有：喷油器泄漏或堵塞，燃油泵损坏，燃油滤清器堵塞，燃油压力调节器故障，燃油品质差，燃油管路变形。

（4）机械部分。凸轮轴凸轮严重磨损不一致，正时链条（带）松动或磨损导致配气相位失准，气门相关部件失常，气缸垫烧蚀或损坏，活塞环故障，气缸磨损过度。

（5）其他电路故障。主要指与进气系统、燃油系统、点火系统等相关的电源电路或控制电路有接触不良的故障。通常会瞬间供油不足或点火不良，使各气缸内混合气燃烧不正常，致使各缸功率不同，如发动机 ECU 搭铁不良，电源电压超过 9 ~ 16 V，都会引起发动机故障。

通过试验后，通过分析你认为有哪些原因会造成怠速不稳，请填入表 8-2 中。

3. 故障诊断

故障诊断可采取以下方法及措施：

（1）询问车主。接车后应向车主了解：最早出现怠速不稳的时间；怠速不稳时的发动机温度；该车行驶里程；车主经常驾驶的道路和习惯；该车保养情况；该车维修历史；该车是否加装设备。通过以上了解可对怠速不稳有初步判断，缩短检查时间，避免在检修时做无用功。

（2）外观检查及试验。打开发动机罩检查：观察发动机运转情况，抖动程度，同时观察发动机转速表指针的摆动幅度，是否偏离怠速期望值；观察是正常怠速抖动，还是负荷怠速抖动（打开空调、灯光、挂入挡位、打方向盘等）；发动机外部件是否有异常；真空管有无脱落、破损；电线插接器有无松脱；是否存在漏油、漏水、漏气、漏电的四漏现象；排气管是否"突、突"冒黑烟、有"生"汽油味等不正常现象；节气门拉线是否调整合适等。

（3）读取故障码及数据流等。读故障码（永久性、偶发性故障码都要记录）——清除故障码——运行（此时要再现故障发生的条件）——再读故障码，如图 8-12 所示。阅读维修手册中的故障码列表，查阅故障码发生的原因、影响、排除方法。对偶发性故障码不能忽视，往往怠速不稳时刻正是偶发故障码出现之时。经过分析确定下一步检修工作。如果没有故障码存储，要考虑控制单元不监视的元件可能存在故障。例如桑塔纳 2000 时代超人的控制单元不能对点火系统、燃油泵进行监控，对这两个部件应采用测量方法检查。分析数据流，数据流可以提供发动机运转中的实时数据。能否正确分析数据块代表诊断者的技术水平。对那些不正确的数据要分析其原因。对于怠速不稳，要读发动机转速、节气门开度、发动机工况、怠速空气流量学习值、怠速空气调节值、怠速 λ 学习值、怠速 λ 调节值、吸入空气量、点火提前角、λ 传感器信号电压、冷却液温度、进气温度等数据。数据实时值、学习值和调整值以实际值或百分率表示，工况以文字表示。

（4）检测及确认故障点。根据故障现象、故障码内容、数据块数值确定检测内容。根据检测对象选择万用表、二极管测试笔、尾气检测仪、燃油压力表、真空表、汽缸压力表、示波器、模拟信号发生器、喷油器检测清洗仪等，如图 8-13 所示。选择哪一种仪器应视具体情况来定，出发点是要能迅速、准确判断故障。尾气检测和波形分析很重要，也可以用断缸法迅速找到输出功率小的气缸。使用真空表可以分析影响真空度的具体原因。检测的原则是从电到机、从简到繁。可以按电控系统、点火系统、进气系统、燃油系统、发动机机械部分的顺序进行。

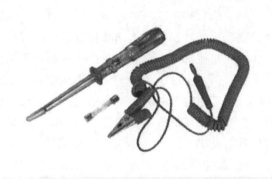

图 8-12　读取故障码或数据流　　　　　　　　　**图 8-13　二极管测试笔**

进行断缸试验过程中，当拔掉 1 缸高压线时，发动机转速反而增加；拔掉 4 缸高压线时，发动机无明显反应；当拔下 2、3 缸高压线时，转速均有下降。拆下 4 只火花塞，发现 1、4 缸火花塞中心电极均有烧蚀，更换全部火花塞起动发动机，怠速略有好转。

检查进气系统过程中，没有发现有漏气现象，于是将怠速阀拆下来检查，并用清洗剂把怠速通道和阀清洗装回，试车，没有解决问题。考虑到发动机加速正常，加之用仪器没读出故障码，认为不可能是电路或 ECU 故障造成的，燃油系统也应该没有问题。

再次仔细分析该故障原因，还是认为是进气系统有多余的进气量才造成的。根据以往经验，是不是废气再循环阀出现问题？于是拔下废弃再循环阀上的真空管，发动机没有变化，顺便拆下废弃再循环阀，发现废弃再循环阀内有积垢，阀关闭不严，造成废气一直进入进气系统参与燃烧，致使发动机怠速不稳，更换新件试车，一切正常。

进气系统、燃油系统、点火系统、发动机机械故障均会导致发动机怠速不稳现象，因此诊断发动机产生怠速不稳现象的原因是一项涉及面较广、难度较大的工作，轻易换件的方法是不可取的。怠速不稳故障的原因有多种多样，应根据检测结果、理论分析、维修经验做出正确判断，所以说诊断工作是有规律可循的。

4. 故障排除

诊断者根据上述检查结果和维修手册中的故障排除指南，制定适合本车的排除方法。排除方法一般有：清洗节气门与进气道、清洗检查喷油嘴、更换电气元件、检查线束的故障点、清洁接地点、修理发动机机械结构等工作。

5．检验交车

故障排除后必须用诊断仪、尾气分析仪再检测一遍，确认故障完全排除后方能交给车主。在 3 天内必须电话跟踪一次，目的是对用户车辆的维修质量负责，提示用户使用车辆的注意事项。最后需将该车的最终维修细节记录在维修笔记中，不断积累维修经验。

引导问题 7：怎样使用 X-431 解码器诊断起动困难的丰田 1ZR 电控发动机？

（1）电控发动机故障诊断所用的试验台架是丰田 1ZR 发动机，使用的故障诊断仪（解码器）的厂家或品牌是_____，型号是_____。

（2）使用故障诊断仪（解码器）的作用是：_____

_____

_____。

（3）使用故障诊断仪诊断电控汽油发动机故障。

① 安装、连接故障诊断仪主机和附件。

主机与数据线连接，数据线与诊断接口相连接，选择的诊断接口是_____。

② 安装、连接好的主机及附件与试验台架（或汽车）诊断接口相连接。

试验台架（或汽车）诊断接口所在位置是：_____，连接好后诊断仪上是否有灯亮_____，此时点火开关是_____；若诊断仪上无灯亮，说明选择的诊断接口型号不正确或无电源（需要增加附加电源）。

③ 诊断仪静态 （不起动发动机）诊断故障（元征 X-431 程序）。

A．打开点火开关，故障诊断仪开机。

B．用"元征 X-431"解码器进行故障码的读取、清除等具体操作程序。

开始→诊断程序→汽车解码程序→开始（屏幕中间）→丰田车标→丰田/凌志 V45.V5（确定）→复位成功（确定）→16PIN 诊断座→传动链→所有传动链→发动机及电控变速器→确定→读取故障码→显示具体故障码并记录于后表中→后退→清除故障码→是否读取故障码→是→再次记录于后表中→确定→开始→关闭→是。（记录填入表 8-3、表 8-4）

C．操作过程中，点火开关_____。

D．你第一次读出的故障码，填入故障码记录表 8-3 中。

表 8-3　第一次故障码记录表

序　号	故障码	中文意思

E. 清除故障码后重新读出的故障码，填入故障码记录表 8-4 中。

表 8-4　第二次故障码记录表

序　号	故障码	中文意思

F. 根据故障码，目视检查故障点，指出相应的传感器或执行器或相应线路：_____
_____。

G. 适当加以故障排除，你是怎么排除故障的：_____
_____。

H. 退出故障诊断程序并关机、关闭点火开关。

I. 拆下故障诊断仪，并按规范装回仪器箱。

④ 诊断仪动态（起动发动机）诊断故障。

使用解码器整个过程中发动机是运行的，其解码器的使用方法与静态检测一样。

⑤ 故障诊断结论。

A. 本次发动机故障原因或故障地点是_____
_____。

B. 使用故障诊断仪的好处是：_____
_____
_____。

C. 使用故障诊断仪还存在哪些不足：_____
_____
_____。

引导问题 8：怎样使用 X-431 解码器诊断起动困难的大众 5V 电控发动机？

使用故障诊断仪诊断大众 5V 电控汽油发动机故障有以下主要操作步骤：

1. 安装、连接故障诊断仪主机和附件

主机与数据线连接，数据线与诊断接口相连接，选择的诊断接口是_____。

2. 安装、连接好的主机及附件与试验台架（或汽车）诊断接口相连接

试验台架（或汽车）诊断接口所在位置是：_____，连接好后诊断仪上是否有灯亮＿＿＿＿＿＿，此时点火开关＿＿＿＿＿＿；若诊断仪上无灯亮，说明选择的诊断接口型号不正确或无电源（需要增加附加电源）。

3. 诊断仪动态（起动发动机）诊断故障（元征 X-431 程序）

（1）打开点火开关，起动发动机，开启故障诊断仪。

（2）用"元征 X-431"进行故障码的读取、清除等具体操作程序。

开始→诊断程序→汽车解码程序→上海大众（OBD-Ⅱ）→上海大众全系→确定→复位成功→确定→大众通用部分→快速数据流诊断→非 CAN bus 系统→发动机系统→选择 OBD Ⅱ-16C 接头→是→点火开关 ON→是→电脑型号→确定→读取故障码→显示具体故障码并记录于后表中→后退→清除故障码→是否读取故障码→是→无故障→确定→开始→关闭→是。

（3）操作过程中，点火开关是在＿＿＿＿＿＿。

（4）你第一次读出的故障码，填入故障码记录表 8-5 中。

表 8-5　第一次故障码记录表

序　号	故障码	中文意思

（5）清除故障码后重新读出的故障码，填入故障码记录表 8-6 中。

表 8-6　第二次故障码记录表

序　号	故障码	中文意思

（6）根据故障码，目视检查故障点，指出相应的传感器或执行器或相应线路：＿＿＿＿＿＿＿＿＿＿＿＿＿＿＿＿＿＿＿＿＿＿＿＿＿＿＿＿＿＿＿＿＿＿＿。

（7）适当加以故障排除，你是怎么排除故障的：＿＿。

（8）退出故障诊断程序并关机、关闭点火开关。

（9）拆下故障诊断仪，并按规范装回仪器箱。

4. 故障诊断结论

（1）本次发动机故障原因或故障地点是_____

_____。

（2）使用解码器诊断大众 5V 电控发动机与诊断丰田 1ZR 电控发动机的特点是：_____

_____

_____

_____

_____。

（3）使用故障诊断仪还存在哪些不足：_____

_____

_____

_____

_____。

三、评价与反馈

1. 任务实施考核成绩评定（见表 8-7）

表 8-7　诊断怠速不良电控发动机考核表

考核项目及分值	考核内容	评分标准	评分记录
准备 10分	1. 清点设备仪器、清理工位 2. 检查电源断开情况	1. 未清洁设备仪器、试验台扣3分 2. 未检查设备扣5分	
使用解码器诊断故障 50分	1. 正确连接及开关机 2. 正确选择解码器菜单 3. 操作项目正确 4. 应用参数正确 5. 正确认识注意事项	1. 不正确扣1~10分 2. 不正确扣1~10分 3. 不正确扣1~10分 4. 不正确扣1~10分 5. 不正确扣1~10分	
使用万用表确认故障 30分	1. 正确连线及开关机 2. 正确选择挡位及量程 3. 正确认识注意事项	1. 不正确扣1~10分 2. 不正确扣1~10分 3. 不正确扣1~10分	
收尾工作 10分	1. 清洁工具、量具、工作台 2. 工、量具应摆放整齐	1. 未清洁扣1~3分 2. 未摆放整齐扣1分	
考核时限	完成全部考核内容规定用时为 15 min	1. 超时1 min扣5分 2. 超时5 min即停止记分	

注：造成人身、设备重大事故，或恶意顶撞考官、严重扰乱考场秩序，立即终止考试，此题计0分。

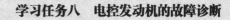

2. 任务过程评价与反馈（见表 8-8 和表 8-9）

表 8-8　任务过程评价表（教师填写）

考核项目	评分标准	分数	成绩	过程评价
劳动纪律	有无迟到、早退和旷课	5		
团队合作	是否和谐	5		
活动参与	是否精彩	5		
安全生产	有无安全隐患	10		
操作过程	是否正确、熟练	30		
任务质量	是否圆满完成	10		
工具、设备使用	是否规范、标准	10		
工作页填写	是否完整、规范	15		
现场 5S	是否做到	10		
总　　分		100		

注：没有按照操作流程操作，出现人身伤害或设备严重事故，本任务考核结果为 0 分。

表 8-9　任务过程反馈表（学生填写）

反馈内容	回答
你是否完成本次的任务，并得到老师的确认？	
你是否能准确有效地收集、分析和组织完成资料，正确地交流信息？	
你是否已经掌握预期的知识和必备的技能？	
你是否充分使用学习资源和按计划有组织的完成目标任务？	
操作完成水平： 　上述表格中的项目应为肯定回答。若不是，应咨询老师。你可以请求附加相关活动，以便完成相关的操作技能。 教师签字：＿＿＿＿＿＿＿＿＿＿＿＿＿ 学生签字：＿＿＿＿＿＿＿＿＿＿＿＿＿ 完成日期：＿＿＿＿＿＿＿＿＿＿＿＿＿	

参 考 文 献

[1]　陈家瑞. 汽车构造[M]. 5 版. 北京：人民交通出版社，2008.

[2]　雷小勇. 汽车电气设备维修[M]. 2 版. 北京：人民交通出版社，2013.

[3]　陈高路. 汽车发动机控制系统检测与维修工作页[M]. 北京：人民交通出版社，2007.

[4]　天津一汽丰田汽车有限公司. COROLLA 轿车维修手册. 2004.

[5]　上海大众汽车有限公司. 桑塔纳 2000GSi 维修手册.